KB037243

모어의 유토피아

EBS 오늘 읽는 클래식

모어의 유토피아
왜 유토피아를 꿈꾸는가

한국철학사상연구회 기획 | 연효숙 지음

EBS BOOKS

서문

　우리는 왜 유토피아를 꿈꾸며 그곳에 가보고 싶어할까? 우리의 일상이 너무 고단하고 힘들며 모순으로 가득 차 불합리해 보이기 때문이다. 여유와 한가함, 공존과 평화와 행복과 안락함 등은 어디로 갔는지 다 사라져버리고 우리 주변에는 분주함, 빡빡한 스케줄, 피곤, 살벌한 경쟁, 전쟁, 불행, 우울, 불편함 등 일일이 다 열거하기 어려울 정도로 어둡고 칙칙한 모습들만이 자리잡고 있기 때문이다. 입시 경쟁, 취업 전쟁, 살인적인 물가, 소원한 이웃 관계, 국가 간 분쟁, 인종 갈등, 이데올로기 대립 등을 아무리 외면해도 우리의 현실인 것은 분명하다. 이런 문제들을 훨훨 다 털고 행복과 꿈만이 있을 듯한 유토피아로 날아가고 싶은 것은 과도한 욕심일까? 토머스 모어의 『유토피아』를 읽으면 그의 유토피아로 갈 수 있는 실마리를 얻을 수 있을까? 그의 유토피아는 비현실적이고 이상적인 세계에 불과한가?

그러나 모어는 단순히 철없이 이상적으로만 꿈꾸는 비현실주의자는 아닌 것이 분명하다. 『유토피아』를 읽어보면 그가 얼마나 철저하게 현실의 모순과 문제를 분석하고 비판하면서 새로운 대안 사회를 만들었는지를 알 수 있기 때문이다. 개인의 행복을 고민하고, 결혼과 안락한 죽음 그리고 교육과 생업을 이야기하고, 이상적인 공동체 사회를 만들기 위해 정의, 평등, 도덕, 복지 제도, 경제체제를 논의한다. 또 유토피아 사회를 수호하기 위해 전쟁과 평화를 새롭게 생각하기도 했다. 종교의 자유에 대해 누구보다도 열린 마음으로 진지하게 생각했으며, 공공의 이익이 잘 보장되는 공유제에 입각한 정의 사회의 모델을 근사하게 잘 만들었다.

유토피아는 어디에도 없는 곳이고 갈 수도 없는 곳이다. 우리는 유토피아를 무지개 너머 어디엔가 있을 것 같은 환상의 나라 같지만, 무지개처럼 좇기만 하면서 영원히 도달할 수 없는 나라라고 생각한다. 그러나 다시 한번 잘 생각해보자. 유토피아는 저 너머 피안에, 우리가 도달할 수도 없고 생각할 수도 없는 곳에 있는 것일까? 우리가 주체가 되어 유토피아를 스스로 한번 만들어보면 어떨까? 유토피아가 피안에 있다는 생각을 버리고, 우리 스스로가 주인이 되어 유토피아에 가까운 멋진 세상을 만들어보면 어떨까?

2021년 겨울
연효숙

3장 철학의 이정표

일러두기

본문에 인용한 토머스 모어의 『유토피아』 출전은 Thomas More, *Utopia*, tr. Paul Turner (Penguin Books, 2003)에 바탕을 두었으며, 경우에 따라서는 국내에 출판된 네 권의 번역본을 참조하여 용어 등을 수정해 재번역했다.

1장

이상 국가를 꿈꾼 토머스 모어

유토피아를 그려볼 수 있을까?

우리들은 왜 척박한 현재의 현실과 다른 세상을 꿈꾸며 기다리는가? 이러한 다른 세상을 흔히 '유토피아'라고 불러왔던 것 같다. 꿈 많던 어린 시절을 지나 어른이 되어서도 여전히 다른 세상을 꿈꾸고 있다면, 왜 현대인들은 유토피아를 기다리며, 유토피아 사상에 매료되는가? 더 이상 꿈을 꾸지 않고 유토피아를 기다리지도, 유토피아 사상에 매료되지도 않는 사람들은 세상의 변화를 희망하지 않는 고리타분하고 꽉 막힌 기성세대가 아닐까?

생각해보면 인류 역사 이래로 유토피아 사상은 늘 있어왔다. 유토피아 사상은 언제 소환되는가? 어떤 특정한 시대에 유토피아 사상이 나타나지 않았던가? 유토피아 사상이 소환되는 시점은 현실이 혼란스럽고 어려울 때임이 분명하다. 척박한 현재와는 다른 세상을 꿈꾸는 것은 어쩌면 당연한 일일 수도 있다. 유토피아 사상이 나타나는 시점은 난세에 세상의 끝을 예견하는 종말론적 사상이 득세할 때이기도 하고, 새로운 선지자인 메시아를 바랄 때이기도 하다. 혹은 모순투성이인 현실을 뒤엎고 새로운 세상을 만들고자 하는, 역사상 수많은 혁명들의 시도가 유토피아 사상과 겹치기도 한다.

문득 이 세상에 던져졌다는 실존적인 질문 앞에서 나는 묻는다. 이 세상은 과연 살 만한가? 살 만하지 않다면 세상을 바꿀 것인가? 세상을 바꿀 수 없다면 세상에 나를 맞출 것인가? 이러지도 저러지도 못한 미결정, 미완성의 나 자신에 대해 나는 어떤 질문을 던질 수 있으며, 어떤 도전을 할 수 있을까? 이 세상이 나를 너무 규격화시키고 끼워 맞추려고 강요한다면, 한번쯤은 다른 나라, 다른 세상으로 가고 싶은 욕구가 충분히 있을 것이다.

현실의 수많은 모순들, 예를 들면 결코 즐겁지 않은 비정규직 노동, 경제적 불평등 속에서 처한 빈곤의 문제, 세대 갈등, 젠더 갈등, 남녀 불평등 문제 등이 우리 앞에 있다. 이 문제들

토머스 모어의 초상.

은 손으로 가린다고 해서 없어지는 것이 아님을 너무 분명히 알고 있다. 이런 현실 속에서 나는 어떤 미래를 그려볼 수 있는가. 꿈을 꾸는 것만으로도 행복하다고 할 수 있을까. 아니면 꿈꾸는 것조차 사치인 암울한 현실 속에서 우리는 살고 있을까.

앞으로 함께 읽을 토머스 모어의 『유토피아』와 관련한 핵심 쟁점을 몇 가지로 정리하면 다음과 같다.

첫째, 인류는 밝은 미래를 희망할 수 있는가, 인류의 미래는 결국 파국으로 치닫게 될까? 거창하게 인류라는 말을 꺼내지 않아도 나의 삶은 밝은 미래로 나아가는가, 아니면 어두운 파국이 나를 기다리고 있는가. 흔히 우리가 '유토피아'를 떠올리면 서로 충돌하는 두 이미지가 있다는 것을 알게 된다. 한편으로 유토피아는 지금 어디에도 없지만 미래에 실현될 수 있는 이상적인 나라이자 공간이며, 이런 공간을 나는 '희망'하고 싶어한다. 그러나 다른 한편으로 그런 이상적인 공간은 어디에도 없기 때문에, 희망의 메시지보다는 현실에서 맞닥뜨리는 좌절감이 배가되어 결국은 파국으로 가는 길밖에 없는 것이 아닌가 하는 부정적인 생각을 하게 된다.

둘째, 유토피아 사상의 정체성을 그려볼 수 있을까? 또 유토피아 사상에서 경계해야 할 점은 무엇일까? 유토피아는 자칫 기독교에서 말하는 메시아주의나 천년왕국과 혼동될 수 있다. 현재 여기의 모순과 어려움을 해결해줄 것이라 믿고 사람들이 기다리는 메시아, 즉 메시아주의는 유토피아 사상이라고 할 수 있을까? 또 인류의 종말이 다가온다고 믿는 종말론자들이 기다리는 천년왕국 사상도 유토피아 사상이 될까? 적어도 모어의 유토피아 사상을 건전하게 읽기 위해서는 유토피아 사상의 정체성에 대해 계속 물어야 할 것이다.

셋째, 이런 문제 의식 속에 유토피아 사상은 '역사'의 문제와 자연스럽게 연결된다. 흔히 과거, 현재의 축적된 역사를 통해 우리는 미래를 전망하지 않는가. 유토피아 사상은 유독 역사의 진보적인 측면과 종종 연결되고는 한다. 유토피아 사상이 현 상황을 유지하려는 보수주의적인 정파와는 거리가 멀기 때문이다. 역사 속에서 변화와 변혁을 꾀하고자 했던 중요한 국면에서 유토피아 사상이 나오는 것은 결코 우연이 아닌 셈이다. 유토피아 사상은 현재 여기와는 다른 미래에 대한 과감한 도전이자 새로운 기획으로 연결된다.

토머스 모어와 그의 시대

유토피아! 이 말뜻을 정확히는 모르지만 대부분 한 번씩은 들어봤을 것이다. 유토피아란 존재하지 않지만 가장 이상적인 나라를 뜻한다. 고단하고 피곤에 찌든 우리의 나날을 구제해줄 편안하고 꿈같은 나라로 느껴지는 유토피아는 과연 있을까? 유토피아는 15, 16세기 영국의 토머스 모어가 쓴 유명한 책의 제목이기도 하다. 모어는 어떤 시대에 살았을까? 그는 왜 『유토피아』라는 책을 쓰게 된 것일까?

토머스 모어가 살았던 때인 15, 16세기 유럽 사회는 모든 것이 빠르게 변화하는 시기였다. 흔히 암흑기라 불리는 1,000여

르네상스

르네상스는 고전 학문과 그 가치에 대한 관심이 지대해지는 중세 말 15세기 초까지의 시기를 일컫는다. 르네상스의 지적 이상을 압축해 표현해주는 말은 휴머니즘 혹은 인문주의이다. 르네상스 정신이 여러 가지 형태로 나타났지만, 처음에는 인문주의적인 지적 운동 형태로 나타났기 때문이다. 이런 인문주의가 처음으로 열매를 맺은 곳은 이탈리아이며, 그 선구자는 단테, 페트라르카 등을 들 수 있다.

년 동안 중세 유럽에 드리웠던 어두운 그림자가 서서히 걷히기 시작하고 새로운 기운이 곳곳에서 싹트고 있었다. 그중에서도 제일 먼저 새로운 변화의 바람이 일어난 곳은 이탈리아였다. 그리스의 여러 신들, 예를 들면 제우스, 아폴론 등의 조각상들이 거리며 박물관에 즐비한 곳이 이탈리아이며, 이곳에서 '르네상스'라고 불리는 새로운 문예운동이 서서히 싹트고 있었다.

'르네상스(renaissance)'라는 말은 프랑스어로 '다시 태어나다'라는 뜻이다. 중세 기독교의 엄격한 종교적 분위기에 가려 있었던 때 고대 그리스·로마 문화가 다시 태어났으며, 그리스·로마적인 인간이 다시 태어났다는 뜻이다. 그래서 르네상스는 그리스·로마 문화를 가장 이상적인 모델로 삼고 이를 부활시켜 새로운 문화를 창조해내려는 운동을 말한다. 르네상스

마르틴 루터(오른쪽)와 토마스 카예탄 추기경의 만남(16세기경).

는 문화, 미술, 건축, 사상 등 다방면에 걸쳐 일어났다.

중세 1,000여 년을 건너 고대 그리스·로마의 인간적이고 개성적이며 현세적인 문화를 근대 초에 부활시킨 사람들을 우리는 '인문주의자' 혹은 '휴머니스트'라고 부른다. 최초의 휴머니스트로 불리는 페트라르카(Francesco Petrarca, 1307~1374), 『데카메론』을 쓴 보카치오(Giovanni Boccaccio, 1313~1375)는 억압적인 교회의 권위로부터 벗어나 현재 살고 있는 인간들의 세속적인 생활과 개성적인 모습을 그리고자 했다. 이때부터 근엄하고 장

중한 화풍의 성화 대신 살아 있는 듯한 현실의 인간을 그린 그림들이 등장하기 시작했다. 대표적으로 레오나르도 다 빈치 (Leonardo da Vinci, 1452~1519)가 그린 〈모나리자〉를 떠올릴 수 있다. 이러한 이탈리아의 휴머니즘적인 분위기는 유럽 여러 나라로 점차 퍼져나갔으며, 토머스 모어가 살았던 영국에도 르네상스의 따뜻하고 인간적인 기운이 퍼져나가기 시작했다.

낡은 권위에 도전하다: 종교개혁

유럽 사회를 변화시킨 것은 르네상스만이 아니었다. 이탈리아에서 르네상스가 일어나 사상과 문화, 예술에서 새로운 기운이 퍼져나갈 때, 독일에서는 종교개혁이 일어났다. 당시 로마 교황청과 가톨릭 교회에서는 '면죄부'를 팔았는데, 면죄부는 말 그대로 죄를 면제받는 증명서 같은 것이다. 교회에서 교회 기금을 마련하기 위해 면죄부를 만들어서 사람들에게 팔고 있었다. 부자들은 천국에 가기 위해 면죄부를 마구 사들였고, 가난한 사람들 역시 면죄부를 사기 위해 자신이 번 돈을 다 써야 했다. 이때 독일의 종교개혁자이자 신학 박사인 마르틴 루터(Martin Luther, 1483~1546)가 교회에서 면죄부를 판매하는 것을 과감하게 비판하고 나섰다. 루터의 용감한 행동은 독일 국민들에게 열렬한 지지를 받았고 가톨릭 교회도 면죄부 판매를 차츰 줄여가기 시작했다. 루터의 용기 있는 행동은 낡고 부패한 가톨릭 교회를 비판하는 종교개혁 논쟁으로 이어졌다.

가톨릭 교회는 중세 말에 이르면서 형식에 치우치고 부패해갔다. 이 무렵 유럽 대부분의 지역에서 왕권이 강화되면서 군주들은 교회의 지배와 간섭에서 벗어나려 했다. 반면에 독일은 수많은 제후가 지방을 나누어 지배하고 있어서 로마 교황청이 간섭하기가 쉬웠다. 그러나 애국심이 강한 도시민들은 로마 교황의 지배에서 벗어나고 싶어했다. 이러한 이유로 독일 지역에서 종교개혁이 먼저 일어난 것이다.

독일에서 시작된 종교개혁은 스위스, 프랑스로 퍼져나가기 시작했다. 종교개혁으로 중세 교회의 통일은 무너지고, 계파 간 갈등과 대립이 심해져 유럽 각지에서 종교전쟁이 일어나게 되었다. 모어가 살았던 영국에서는 다소 엉뚱한 사건이 발단이 되어 종교개혁의 불길이 번져나가기 시작했다. 영국 역시 당시는 독실하게 가톨릭교를 믿는 국가였다. 영국은 헨리 8세가 통치하고 있었는데, 그는 아들을 낳지 못한 왕비 캐서린과 이혼하고 앤 불린이라는 여성과 재혼을 하려고 했다. 그런데 전통적으로 가톨릭 교회와 로마 교황청은 이혼을 허락하지 않았다.

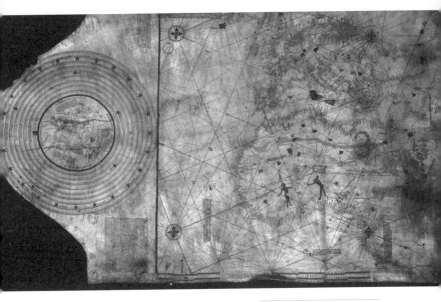

따라서 헨리 8세는 자신의 재혼을 관철시키기 위해 로마 교황청과의 관계를 끊고 독특한 영국식 성공회를 만들어 스스로 수장이 되었다.

이제 유럽 사회는 알프스산맥을 중심으로 하여 남부의 가톨릭 교회와 북부의 프로테스탄티즘로 나뉘게 되었다. 전통을 그대로 이으려 했던 종파를 구교(가톨릭)라고 부르고, 종교개혁을 통해 기독교를 새롭게 바꾸고자 했던 프로테스탄티즘을 신교(기독교, 루터파나 칼뱅파)라고도 부른다. 유럽 사회 전체는 구교와 신교의 첨예한 대립과 분열로 휩싸이게 되었다. 그런데 독실한 가톨릭 신자였던 토머스 모어는 이렇게 교회가 구교와 신교로 나뉘는 것을 반대했다. 모어가 다른 데에서는 굉장히 진보적이었지만, 종교에서만큼은 보수적인 성향을 유지하고 있었기 때문이다. 독실한 가톨릭 신자로서 신념을 굽히지 않았던 토머스 모어는 헨리 8세의 이혼을 전적으로 반대했다. 이 때문에 모어가 단두대에서 사형을 당하게 되리라고는 누구도 상상할 수 없었을 것이다. 이렇게 급변하는 유럽 사회 속에서 모어의 『유토피아』라는 책이 나오게 되는 중요한 계기를 알아보자.

새로운 세계를 개척하다: 지리상의 발견

당시 모어가 살았던 시대는 중세에서 근대로 넘어오는 과도기였다. 이때 각국의 군주들은 나라를 부강하게 하고자 새로운 교역로를 개척하려는 노력을 많이 기울였다. 이에 따라 유럽은 새로운 시장을 넓혔을 뿐만 아니라, 새로운 땅을 자신들의 지배에 두고자 했다. 이때부터 유럽은 세계의 많은 지역들

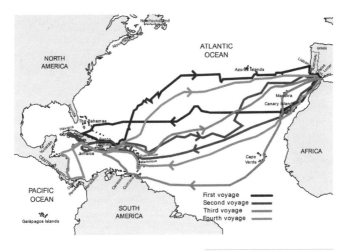

콜럼버스의 네 번의 항해 여정(추측).

을 식민지로 삼았다. 1520년경 포르투갈은 인도양의 무역을 독점했고, 브라질을 식민지로 개척했다.

많은 탐험가들이 배를 타고 새로운 땅을 발견하려고 서로 앞다투어 나아가게 되었다. 1488년에는 포르투갈의 디아스(Bartholomeu Diaz)가 아프리카 남단에 있는 희망봉을 발견했고, 1492년에는 이탈리아 선원인 콜럼버스(Christopher Columbus, 1451~1506)가 서인도제도(지금의 남아메리카와 북아메리카 사이 섬이 많이 있는 곳) 중 하나인 산살바도르에 상륙했다. 또 같은 이탈리아 출신의 탐험가 아메리고 베스푸치(Amerigo Vespucci)가 신대륙

발견에 나섰다. 신대륙 즉 아메리카는 '아메리고'라는 이름에서 유래한 것이다.

모어가 『유토피아』를 쓰게 된 중요한 동기 중 하나는 이렇게 각 나라마다 앞다투어 신천지를 발견하려는 분위기 때문이라고도 할 수 있다. 『유토피아』의 주요 등장인물은 신천지로 비유되는 유토피아 땅의 삶을 5년 동안이나 경험하고 온 '라파엘 히슬로다에우스'이다. 이 라파엘이 참여한 탐험대가 바로 아메리고 베스푸치 일행이라고 모어는 상상력을 발휘해 설정한 것이다.

모어의 파란만장한 생애

1873년 루시 매덕스 브라운이 그린 인상 깊은 그림 한 장이 있다. 슬픈 눈에 검은 옷차림을 한 가녀린 여자가 무엇인가가 담겨 있는 바구니를 넘겨받는 장면이 담긴 그림이다. 그 바구니에는 놀랍게도 단두대에서 막 처형당한 사람의 머리가 담겨 있었다. 이 바구니는 런던탑으로부터 아래로 넘겨지는 중이었다. 이 그림의 주인공들은 누구였을까?

첫째 딸인 마거릿은 아버지가 반역죄로 체포되었다는 말을

한스 홀바인이 그린 토머스 모어의 가족.

듣고 황급히 아버지를 만나러 갔다. 아버지는 죄인들을 수감하는 악명 높은 런던탑으로 압송되기 직전이었다. 딸을 지극히 사랑했던 아버지는 눈물을 흘리며 안타까워하는 마거릿을 따뜻한 말로 위로했다. 15개월 후 마거릿은 런던탑으로부터 아버지의 시신을 거두어가라는 연락을 받았다. 그림에 묘사된 여자는 바로 그 딸이었다. 딸은 단두대에서 처형된 아버지의 시신 중 머리를 받고서는 슬픔을 가눌 길 없는 표정을 짓는다. 그림의 바구니에 담긴 머리의 주인공은 마거릿의 아버지이자 바로 『유토피아』의 저자인 토머스 모어였다.

　토머스 모어는 1478년 법률가인 존 모어 경의 맏아들로 영국 런던에서 태어났다. 아버지인 존 모어 경은 아들이 자기와 같이 법률가의 길을 가기를 바랐다. 그래서 모어는 12세 때 당시 캔터베리 대주교이며 대법관이었던 존 모턴 경의 집에 시중드는 아이로 들어가게 되었다. 모턴 경은 모어의 총명함과 비범함을 대번에 알아보았다고 한다. 모턴 경은 모어의 『유토피아』에도 등장하는 인물로, 모어에게 상당한 영향을 끼친 인물이다. 모어는 14세 때 모턴 경의 추천으로 옥스퍼드대학교에 입학했다. 여기서 모어는 라틴어와 그리스어를 배우며 당시 르네상스의 인문주의적 정신의 생생한 온기를 접할 수 있었다. 이 시절에 모어는 고전 문학, 철학, 역사학 등 다방면에 걸쳐 인문학적 지식과 소양을 쌓아갔다.

　그러나 법률가가 되기를 원했던 아버지의 뜻을 꺾을 수 없어 모어는 옥스퍼드대학을 도중에 그만두고 링컨법학원에 입학하게 된다. 여기서 르네상스의 휴머니스트를 대표하는 에라스무스(Desiderius Erasmus, 1466~1536)를 만나게 되었고, 그와의 교분이 상당 기간 지속되었다. 에라스무스는 네덜란드 출신의 뛰어난 인문학자로, 라틴 고전 연구에 몰두한 사람이다. 르네상스의 대표 저작인 그의 『우신예찬』은 에라스무스가 이탈리아

에라스무스

에라스무스는 네덜란드 출신의 인문주의자이다. 북유럽의 르네상스를 이끈 위대한 인문주의자로, 고전문헌학 연구에서도 중요한 인물로 꼽힌다. 유럽 문화에서 자유주의 전통을 형성하는 데 이바지했다고 평가된다. 그는 『우신예찬』 『대화』 『격언집』 『평화의 불평』 등을 썼다. 이러한 문학 저술 외에도 그는 『성경』에 관한 연구를 한 후 그리스어로 『신약 성서』를 펴냈다.

에서 영국으로 여행 가던 중에 구상한 내용이다.

법학원 졸업 후 변호사가 된 모어는 27세의 젊은 나이에 하원 의원에 당선되었다. 당시 영국은 장미전쟁에서 승리한 헨리 7세가 리처드 3세를 폐위시키고 새로운 튜더 왕조(1485~1603)를 열고 있었다. 모어는 헨리 7세와 여러 가지 정책 면에서 종종 충돌하곤 했다. 모어는 헨리 7세의 세금 정책에 반기를 들어 결국 하원 의원직을 상실하게 되었다. 이후 그는 한동안 라틴어로 쓰인 고전을 번역하고, 법학, 철학, 역사 등 학문 연구에 몰두했다.

이 무렵 모어는 에식스 출신 지주의 딸인 제인 콜트와 결혼했다. 모어는 결혼 4년 동안 세 딸과 아들을 얻었다. 그는 결혼 생활에 충실하여 훌륭한 남편, 존경받는 아버지로서 역할을 잘 수행했다. 모어의 가정에는 신실한 신앙 생활과 화목이 지속되었으며, 그는 자식들에게 다양한 교육 기회를 제공했다. 그러

헨리 8세와 앤 불린의 결혼을 소재로 한 영화 〈천일의 앤〉(1971).

나 안타깝게도 그의 아내는 결혼 6년 만에 세상을 등지고 말았다. 어린 자식들 때문에 모어는 재혼을 서둘러 하여 엘리스 미들턴이라는 여인을 아내로 맞이했다.

1509년 헨리 8세가 즉위하면서 모어는 런던의 사정장관 보직에 올랐다. 전(前) 왕이었던 헨리 7세와 종종 충돌했던 모어는 헨리 8세의 총애를 한몸에 받게 되었다. 모어는 공직의 여러 사안들, 예를 들면 외국과의 협상 및 무역 등의 일을 잘 처리하면서 자신의 역량을 유감없이 발휘했다. 게다가 그는 런던의 민선 행정관 대리로 일하게 되면서 공명정대한 판관으로서,

천일의 앤

<천일의 앤>은 1971년 영국에서 만들어진 영화로 16세기 영국 튜더 왕조의 국왕인 헨리 8세가 왕후인 캐서린과 이혼하고 앤 불린과 결혼하는 과정을 그렸다. 앤과 결혼하기 위해서는 교황청의 허락이 있어야 함에도 허락을 받지 못하자 헨리 8세는 교황청을 무시하고 새로운 교회인 성공회를 세웠다. 앤과의 결혼 생활이 순탄하지 못하자 헨리 8세는 앤과 이혼하고자 했으나 앤이 거부하자 참수형에 처했다. 앤이 낳은 딸은 후에 엘리자베스 여왕이 되었다.

빈민의 보호자로서 런던 시민의 두터운 신뢰도 얻었다. 마침내 그는 1529년 플랑드르와 성공적으로 통상을 체결하고, 한자동맹의 협상도 성공을 거두게 되어 헨리 8세의 신임을 얻고 대법관에 임명되었다. 그러나 토머스 모어와 헨리 8세와의 봄날같이 사이 좋은 관계는 그리 오래가지 못했다. 이 두 사람을 갈라놓은 결정적인 사건이 일어났기 때문이다.

헨리 8세는 역사상 여러 가지 일들로 매우 유명한 왕으로 기록되었다. 그중에서도 이혼 사건을 들 수 있는데, 사건의 전말은 다음과 같다. 일찍 죽은 형 아서의 아내인 캐서린과 결혼한 헨리 8세는 아들을 못 낳는다는 핑계로 캐서린과 이혼하고 궁중의 시녀인 앤 불린과 결혼하고자 했다. 매우 오래된 영화이기는 하지만 유명한 영화 〈천일의 앤〉을 보면 이 과정이 극적으로 잘 묘사되어 있다. 그런데 로마 가톨릭 교황청에서는

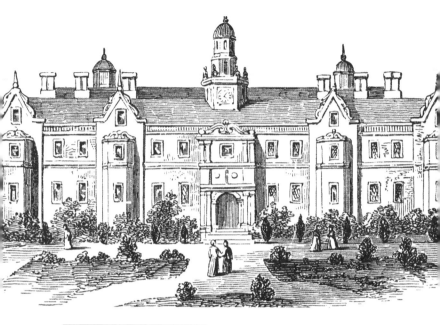

1520년에 토머스 모어가 지은 첼시의 집.

이혼을 금지하고 있었기 때문에, 헨리 8세의 이혼과 재혼을 승낙하지 않았다. 이에 헨리 8세는 로마 교황청과 관계를 끊고, 종교도 가톨릭 대신 영국식 성공회를 만들기에 이르렀다.

이러한 과정에서 모어는 애매모호한 태도를 취했다. 그럴 수밖에 없었던 것이 모어는 독실한 가톨릭 신자여서 헨리 8세의 이혼을 인정할 수 없었기 때문이다. 헨리 8세가 앤 불린을 왕

비로 맞는 대관식에 불참한 모어는 왕의 눈밖에 나게 되었다. 더욱이 1530년 귀족과 성직자들이 로마 교황청에 헨리 8세의 이혼 청구서를 제출하는 서류에 모어는 서명을 거부하고 공직에서 물러나기로 결심해 헨리 8세로부터 거듭 경계의 대상이 되었다. 1534년 마침내 모어가 반역죄로 체포되어 런던탑에 갇히게 되었다. 15개월 동안 악명 높은 런던탑에 구금된 기간에도 그는 저술 활동을 게을리하지 않았다.

1535년 7월 1일 모어는 재판을 받았으며, 그로부터 닷새 후 단두대에 올랐다. 모어는 단두대에서 사람들에게 "나는 이제 가톨릭 교회의 믿음 속에서 가톨릭 교회의 믿음을 위해 죽습니다. 나는 국왕 폐하의 충실한 종이지만, 그 이전에 하느님을 섬기는 종입니다"라는 말을 남긴다. 그리고 다음과 같은 유명한 마지막 장면이 그의 최후를 더욱 유명하게 만들었다. 목을 베기를 두려워하는 사형 집행관에게, "집행관, 나는 자네를 위해 기도하겠네, 자네가 내 목을 베는 것은 나라와 하느님에 대한 충성이라네. 내 목은 짧으니 조심해서 자르게"라고 그는 태연히 농담을 건네며 여유와 웃음을 잃지 않고 최후를 담담하게 맞았다. 가톨릭 교회는 죽음을 선고받고도 의연히 자신의 신앙과 신념을 굳건히 지킨 모어를 그의 400주기인 1935년에 성인(聖人)으로 올렸다.

유토피아 사유를 풀기 위한 열쇳말

　『유토피아』의 원제는『사회의 가장 좋은 상태에 관하여 그리고 새로운 섬 유토피아에 관하여』이다.『유토피아』를 몇 개의 핵심 개념으로 정의하면, 현실에 대한 비판, 이상 사회, 미래를 위한 관점, 완벽한 사회, 새로운 법률제도, 인간적인 시선 등이 될 것이다. 이러한 유토피아 사상의 핵심 개념은 무슨 뜻이며, 그 가치는 무엇일까? 예를 들면『유토피아』는 휴머니즘을 표방하는 것일까? 또 평등, 분배, 정의의 가치를 담고 있는가?『유토피아』가 추구하는 가치는 공산주의 이념에 가깝다고

1516년 출판된 『유토피아』의 삽화.

볼 수 있을까? 유토피아주의자들이 말하는 재산 공유제와 공산주의는 어떻게 다른가? 이러한 질문들을 염두에 두면서 이제 『유토피아』에 나오는 분야를 크게 분류해보고, 이를 철학적 개념과 연결해서 핵심 키워드를 뽑아보기로 하자.

첫째, 정치 분야와 관련된 민주주의, 정의, 인권 개념이다.

모어는 『유토피아』에서 가장 이상적인 사회를 실현하기 위해 가장 이상적인 정치제도가 무엇인지, 이 정치제도가 중시하는 가치가 무엇인지를 말한다. 『유토피아』에서 가장 이상적인 정치로 꼽는 것은 민주주의라고 할 수 있다. 이때 민주주의란

물론 서양 근대 시민혁명을 거쳐 탄생한 민주주의를 의미하는 것은 아니다. 이는 고대 그리스 폴리스의 직접민주주의와 유사한 측면을 갖는다. 자신들의 대표를 직접 선출하는 방식에서도 유사하다.

민주주의 사회에서 제일 중요한 가치는 정의와 인권이다. 유토피아 사회에서 정의와 인권은 이상적인 사회 실현을 위해 개인적 차원에서 중시되는 측면을 강조하기보다는 공동의 이익을 추구하는 정의로운 사회의 측면을 강조한다. 공동체보다는 개인의 차원을 우선시하는 현대사회의 경향에서 비추어볼 때, 이러한 『유토피아』의 구상은 충분히 논란을 일으킬 수 있다. 그러나 모어의 『유토피아』 구상에는 언제나 공동체의 가치가 앞서 있다. 『유토피아』의 목표가 새로운 공동체 건설인 이유가 여기 있기도 하다.

둘째, 경제 분야와 관련된 분배 정의, 평등 개념이다.

경제적으로 정의가 실현되기 위해서는 분배 정의가 필요하다. 현대사회에서도 '분배 정의'의 문제는 여전히 실현되지 않은 채 많은 논의들이 진행되고 있다. 『유토피아』에서는 이러한 분배 정의 개념이 나온다. 이 개념은 서구 근대 자본주의가 본격적으로 발전해 그 폐해가 빚어지는 19세기 중반에 사회주의, 공산주의적 구상에서 적극적으로 강조한 개념이다. 모어는 이 개념을 이미 16세기 초반에 선취한 것이다. 이상 사회를 건설하기 위해 모어는 분배 정의에 입각해 재산 공유 제도를 말한다. 이 역시 자본주의의 사적 소유가 가져온 폐해를 비판하고, 사적 소유의 폐지를 주장한 사회주의·공산주의적 경제 제도와 맞닿아 있다. 유토피아 사회에서 노동의 양태도 한번 짚고 넘어가야 할 것이다. 자본주의 사회에서 노동이 소외된 노동이라면, 이런 노동의 비인간적 양태를 『유토피아』에서는 어떻게 예방할 수 있는지 말이다.

평등의 가치 역시 중요한 개념이다. 1789년 프랑스혁명이 표방한 세 가지 가치인 자유, 평등, 박애 가운데 하나인 '평등'의 중요성을 모어가 일찍이 간파한 셈이다. 『유토피아』에서 결혼, 남녀 평등의 문제 등을 생각해볼 필요가 있다. 21세기를 살고 있는 우리에게 남녀 평등, 젠더 이슈 등은 여전히 논쟁이 되고 있으며, 젠더 갈등과 충돌로 치닫고 있는 현실을 종종 목격한다. 그만큼 평등을 둘러싼 이슈들은 여전히 논란의 중심에 있다.

셋째, 복지 분야와 관련된 행복, 교육권의 문제이다.

현대 복지사회의 핵심은 삶의 질과 행복이다. 기초적인 생존만을 위한 양적인 행복에 만족했던 예전 사회와는 달리 질적으로 수준 높은 삶의 행복이 보장되어야만 우리는 비로소 행복을 누린다고 생각한다. 우리가 복지 제도가 잘 갖추어진 북유럽 국가들이나 서유럽 국가들을 부러워하는 것도 기초적인 생존 이상인 삶의 질적 수준이 보장되기 때문이다. 당장 실업에 처해도, 또 퇴직을 해도 미래가 크게 불안하지 않은 사회, 이러한 복지 제도가 『유토피아』에서는 얼마나 보장될 수 있을까?

모어는 『유토피아』에서 안락한 삶, 낭비 없는 검소한 삶 등을 이야기한다. 복지사회라는 것이 물자를 흥청망청 마구 낭비하는 것에 있지 않음을 모어는 『유토피아』 곳곳에서 보여준다. 현대인들도 한번 귀 기울일 만한 대목이 아닐 수 없다. 유토피아적 삶이 저기 피안에 이미 갖추어져 따로 이상향으로 있다기보다는, 사회 구성원들이 하나씩 하나씩 만들어가야 함을 가르쳐주는 것이다. 유토피아 사회에서는 교육권이 보장된다. 교육권이야말로 민주 사회의 3대 권리 중 하나이지만, 우리 사회에서 이러한 교육권이 보장된 것은 그리 오래된 이야기가 아니다. 물론 『유토피아』에 현대의 복지 시스템이 완벽하게 갖추어져 있다고 하면 무리겠지만 이런 복지사회 제도의 단초가 보인다는 면에서 충분히 참조할 만하다.

넷째, 도덕 분야와 관련된 삶과 죽음의 문제이다.

내 삶의 주인은 나일까? 나의 삶은 자발적이고 자율적이어

칸트

칸트는 독일 관념론의 첫 번째 철학자로 대륙의 합리론과 영국의 경험론을 종합해 새로운 근대의 주체를 확립했다. 그의 3대 비판서인 『순수이성비판』 『실천이성비판』 『판단력비판』 가운데 『실천이성비판』은 근대의 도덕적인 자율적 주체 확립에 큰 역할을 했다. 칸트를 경이로움에 빠지게 한 것은 드높이 반짝이는 하늘의 별뿐만 아니라, 내면의 양심이었다. 칸트는 인간이 지켜야 할 의무와 명령을 실천이성을 통해 행위해야 함을 주장했다.

서 도덕적으로 거리낄 것이 없을까? 근대 철학자 칸트(Immanuel Kant, 1724~1804)가 던진 "자율적인 삶이 가능할까?"라는 물음에 대해 유토피아 사회는 어떤 대답을 할 수 있을까? 타율적이고 외부적인 간섭과 규제에 의해 살아가는 것이 아니라 나 자신이 자율적으로 살아간다면, 그것이 가장 도덕적인, 최상의 삶이 되는 것이 아닐까? 유토피아 사회에서는 이러한 삶이 가능할까? 개인의 취향을 존중하고 개인의 이익을 보장해야 하는 현대사회에서 도덕적인 삶은 어떠한 것일까? 반드시 칸트의 도덕 철학이 모범이 아니더라도 공동체의 이익을 위해 개인들은 자신의 취향과 이익 앞에서 어떠한 행동을 할까?

삶과 죽음의 문제는 어떤가? 초고령화 사회로 진입한 현대사회에서 삶의 문제만큼 죽음의 문제도 결코 가볍지 않다. 행복한 삶만큼이나 행복하고 편안하게 죽을 수 있는 안락사의 권리도 필요한 것은 아닐까? 아직도 안락사를 법으로 허용하는 나라는 많지 않다. 안락사를 합법화할 법이 현실적으로 필요하지 않을까? 안락사 허용 문제는 생명 의료 윤리의 문제, 의료법 등과 관련해 여전히 난제로 남아 있는 것이 사실이다. 『유토피아』에서 모어가 제시한 해법을 한번 경청한다면 어느 정도 답을 얻을 수 있을까?

다섯째, 평화의 분야와 관련된 전쟁의 문제이다.

현대사회에서는 오늘도 어디선가 적지 않은 전쟁, 내전, 쿠데타 등이 일어나고 있다. 유사 이래 국가 형성에 따른 크고 작은 전쟁은 끊임없이 일어났다. 서로 더 많은 영토를 점유하기 위해 동서양을 막론하고 전쟁은 여러 가지 명분을 이유로 정당화되었다. 고대 그리스의 도시국가들과 페르시아 제국 간의 전쟁, 로마 시대의 전쟁, 고대 중국 춘추전국시대의 전쟁, 근대 유럽에서 일어났던 수많은 전쟁들, 그리고 20세기의 가장 큰 비극이라 할 수 있는 제1차, 제2차 세계대전 등이 인류사에 있었다. 우리나라는 남북 분단으로 여전히 긴장 관계에 놓여 있는데, 과연 어떻게 하면 평화 체제를 구축할 수 있을까 하는 문제가 숙제로 남아 있다. 그렇다면 진정한 평화란 무엇인가? 평화를 위해 전쟁은 정당화될 수 있을까 아니면 과감히 전쟁 무용론을 주장할 수 있을까? 『유토피아』에 나타난 모어의 전쟁과 평화에 대한 생각은 무엇일까?

여섯째, 종교 분야와 관련된 종교의 자유 문제이다.

『유토피아』에서는 종교의 자유를 보장한다. 이는 모어가 당시 유럽 사회에서 가톨릭교만이 인정되었던 측면을 비판하고 종교 다원주의를 주장한 것으로 봐도 될까? 물론 현대사회의 많은 나라들은 종교의 자유를 보장하며 이는 헌법으로도 보장된다. 그러나 모어가 살았던 중세 말 르네상스 시기에 종교의 자유를 주장하는 것은 결코 쉽지 않은 일이었다. 모어 자신이 루이 8세의 결혼, 이혼 문제와 관련해 종교적으로 대립된 의견을 제시했다가 결국 교수형을 당하지 않았던가. 자신의 이런 미래를 예감했는지 아닌지는 알 수 없으나 모어의『유토피아』기획에서 특정 종교를 강요하는 것은 유토피아 공동체의 이념에도 맞지 않았을 것으로 보인다. 종교의 자유가 보장되어야만, 공동체의 일원들이 특정 종교 교리에 매달리지 않은 채 공익을 추구할 수 있지 않을까?

『유토피아』를 구성하는 여섯 분야의 핵심 문제들을 살펴보았는데, 여기에서 모어의 유토피아 구상에서 부족한 것은 무엇인가. 첫째, 역사에 대한 비전이 부족하다. 적어도 유토피아라고 한다면 미래를 향한 역사적인 전망이 있어야 하는데, 모어의『유토피아』에는 미래에 대한 전망이 잘 보이지 않는다. 둘째, 과학기술 사회에 대한 구상이 부족하다. 16세기 초반의 유토피아 구상에 과학기술 사회의 구상을 요구하는 것은 무리일 수 있다. 다만 우리가 이러한 생각의 단초만이라도 찾아 읽는다면 의미가 있을 것이다.

유토피아 사상의 현대적 버전들

　유토피아 사상이 가장 만개했던 시기는 언제이며, 동서양을 막론하고 유토피아 사상에 버금가는 구상에는 무엇이 있을까? 소크라테스가 살았던 아테네 공화정에서 플라톤이 펼친 이상 국가, 기독교에서의 신국론과 천년왕국, 캄파넬라의 태양의 나라, 서양 근대 초기 베이컨이 제시한 신대륙으로서의 뉴 아틀란티스 등이 있다. 플라톤은 존경하는 스승인 소크라테스가 독살되는 아테네 공화정의 정치를 목도하고 이를 가장 부정의하고 타락한 현실로 보았다. 그래서 이와는 전혀 다른, 철인 왕이 통치하는 정의로운 이상 국가를 실현하는 것이 철학의 목표가 되었을 것이다. 기독교에서 말하는 천년왕국, 여기서 던지는 메시지인 메시아주의는 유토피아 사상일지 한번 생각해 봄직하다.

18세기 계몽주의 이래로 평등과 분배의 가치를 들고 나온 사회주의, 공산주의, 무정부주의도 넓은 의미에서는 유토피아 사상의 또 다른 얼굴이다. 자본주의 시대의 모순을 첨예하게 분석하고 이를 뒤엎고자 했던 마르크스와 같은 과학적 사회주의자이자 공산주의자들은 유토피아 사상의 목록에서 늘 손꼽히는 사람들이다. 또한 무정부주의자인 프루동, 생시몽의 사상은 또 하나의 유토피아 사상으로 생각해볼 수 있다.

동양의 이상향, 무릉도원, 요순 시대의 태평성대 등 오랜 기간 중국 중심의 중화사상 아래 위기를 맞이해본 적이 거의 없었던 근대 중국의 상황에서 중국 지식인들은 그들에게 맞는 유토피아를 어떤 식으로 모색했을까. 특히 서세동점으로 중화사상이 위기를 맞고 제국주의의 팽창으로 극도의 혼란을 겪을 수밖에 없었던 중국의 청조 상황에서 캉유웨이(康有爲, 1858~1927)가 제시한 대동 사회의 구상은 어떠한가. 비록 그 당시에 이 구상에 대해 아무도 동조하지 않았지만, 오늘날의 세계주의, 사회주의와 부합하는 면이 적지 않다고 할 수 있다.

20세기의 서양 사상가들 가운데 유토피아와 관련해 주목

할 사람은 두 사람을 꼽을 수 있다. 「역사의 개념에 대하여」를 쓴 베냐민(Walter Bendix Schönflies Benjamin, 1892~1940)과 『희망의 원리』를 쓴 블로흐(Ernst Bloch, 1885~1977)이다. 베냐민 자신은 유토피아에 대해 특별한 구상을 한 적이 없다고 말할지라도, 후대에서 보면 그의 「역사의 개념에 대하여」에서 베냐민 특유의 유토피아 사상을 엿볼 수 있다. 또한 블로흐는 『희망의 원리』에서 서양 사상사에서 유토피아 사상의 흔적을 추적하면서 '희망의 원리'로서의 유토피아를 말한다. 이 두 사람은 서로 상반되는 유토피아 전망을 제시한다는 면에서 흥미롭게 참조할 만하며 충분히 검토할 가치가 있다. 이상의 실험들에서 인류가 만들어가고자 했던 유토피아 기획의 도전 정신을 찾을 수 있을까?

미래를 위한 희망적인 유토피아 기획이 가능할까? 오히려 반유토피아적, 디스토피아적 시나리오가 현실성 있는 것이 아닐까? 인류의 미래를 전망하는 현대의 적지 않은 소설들, 영화들은 대개 밝고 긍정적인 이미지보다는 암울하고 절망적인 모습을 그린다. 이러한 소설들, 영화들을 디스토피아적이라고 평가하는 것이 일반적이다. 현대의 디스토피아 소설로는 대표적으로 올더스 헉슬리(Aldous Leonard Huxley, 1894~1963)의 『멋진 신세계』(1932), 조지 오웰(George Orwell, 1903~1950)의 『1984』(1949),

올더스 헉슬리와 그의 저서 『멋진 신세계』 초판본 표지.

윌리엄 깁슨(William Ford Gibson, 1948~)의 『뉴로맨서』(1984) 등이 있다.

　헉슬리의 소설 『멋진 신세계』는 일종의 반유토피아, 즉 디스토피아적 전망을 담고 있다고 볼 수 있다. 제목과 달리 인류의 미래가 그렇게 멋져 보이는 신세계로 향하는 것을 그리지는 않았다. 이 '멋진 신세계'에 등장하는 인물들은 모두 실험실에서 인공 부화되어 양육되며 부모가 누구인지도 모른다. 이러한 미래가 도래하지 않으리라는 법은 없지만, 누구나 다 희망하는 밝은 유토피아의 모습과는 꽤 거리가 있다.

우리에게 빅 브라더가 감시하는 텔레스크린으로 너무나도 잘 알려진 오웰의 소설『1984』는 현대 정보사회와 감시 사회를 예견한 듯하다. 이 소설에서 오웰은 미래 사회의 컴퓨터 통신망과 데이터베이스로 구축된 현대 정보사회의 실사판을 제공한 셈이다. 이러한 정보사회에 살면 인간은 유토피아적인 안도감과 행복감을 느낄까. 아마도 이 소설에서 밝고 희망적인 전망을 찾아보기는 거의 힘들 것이다. 따라서 오웰의『1984』는 유토피아적 소설이라기보다 디스토피아적 소설이라고 봐야 할 것이다.

윌리엄 깁슨의『뉴로맨서』에는 사람의 두뇌와 컴퓨터 통신망을 연결한 모습이 나온다. 뉴로맨서는 '뉴로(신경)'와 '네크로맨서'의 합성어로, 뉴로와 네트워크가 연결되어 형성되는 가상 공간인 사이버스페이스(cyberspace)를 다루고 있다. 이 사이버스페이스는 유명한 영화 〈매트릭스〉의 중요한 단서가 되었다. 이러한 사회는 유토피아적 공간이 구현된 것일까 아니면 인간이 완전히 통제되는 비극적인 사회의 모습을 지녔으니 오히려 디스토피아적 공간인 것일까?

유토피아 사상은 낙원 혹은 기독교 등에서 말하는 천년왕국과 비슷한가? 천년왕국의 사상은 메시아를 기다리는 것이니

조지 오웰의 소설이 원작인 영화 〈1984〉.

메시아주의라고도 말할 수 있는가? 토머스 모어가 그리는 이
상 사회 즉 '유토피아'는 이런 천년왕국과 다른가? 천년왕국은
종교적 유토피아가 아닌가? 현재와 다른 새로운 '이상 사회'
를 건설하려는 목적에서는 모어의 유토피아와 종교적 유토피
아가 잘 구별되지 않는다. 모어가 그리는 유토피아는 현재에는
없는 상상의 섬이며, 사회를 개선하기 위한 이상적인 정치적
기획의 뜻을 포함한다. 또 카를 만하임(Karl Manheim, 1893~1947)
이 지적했듯이, 유토피아의 기획이 '지배 이데올로기에 대

천년왕국

천년왕국(Millennium)은 성서의 「요한계시록」에서 유래되었다. 「요한계시록」에 따르면, 예수가 재림하여 그의 왕국을 건설한 후 최후의 심판까지 1,000년 동안 지배하게 된다. 천년왕국은 지상 낙원 즉 파라다이스와는 달리 역사의 종말이 오기 전에 의롭고 착한 사람들만이 살 수 있는 이상향을 뜻한다. 지상 낙원이 에덴동산처럼 과거로 회귀하려는 것이라면 천년왕국 사상에서는 미래에 천년의 축복 시대가 지상에서 이뤄진다고 믿는다.

한 이데올로기적 비판'이자 '지배 이데올로기에 맞서 혁명적인 행동을 이끄는 대립적인 사상의 복합체'라고 했을 때, 모어의 유토피아 기획은 여기서 크게 어긋나지 않는다. 또한 모어의 유토피아 기획이 지닌 중요한 측면은 보다 나은 미래 지향적인 차원을 갖고 있으며, 이 기획의 건설자는 분명 현재 살고 있는 공동체의 일원들이다. 이 공동체의 일원들이 과학과 기술 사회 관계의 새로운 구성을 통해 미래 세계를 건설하고자 한다.

반면에 종교적 유토피아의 모습을 지닌 낙원, 황금시대, 천년왕국 등은 인간적 차원에서의 실현을 결여하고 있다. 낙원이나 황금시대는 역사 이전의 시대를 가리키며, 천년왕국은 세속적이고 인간적인 시간인 역사를 폐기하고 신들의 원초적인 시간으로 복귀하려는 강한 종교적 열망을 갖고 있다. 그렇기 때

감시 사회

프랑스의 현대 철학자 미셸 푸코(Michel Foucault, 1926~1984)는 『감시와 처벌』
(1975)에서 벤담의 원형 감옥인 파놉티콘(Panopticon)을 언급한다. 파놉티콘은 모
두를 어디에서든 본다는 뜻으로 원형 감옥에서 죄수들을 감시하기 위한 장치이
며 '시선의 비대칭성'이 그 특징이다. 푸코는 현대사회에서도 이러한 파놉티콘이
곳곳에 실행되어 학교, 공장, 군대, 병원 등은 새로운 감옥이나 다름없다고 주장
했다. 근대 감옥이 죄수의 정신에 감시를 내면화했다면, 현대사회에서는 잘 드러
나지 않는 권력 장치를 통해 감시와 통제의 사회가 되었다는 것이다.

문에 이러한 시간들에서 역사는 배제되고 역사의 주인공인 현
재의 공동체 일원들도 무의미해진다. 따라서 종교적인 차원에서
논의되는 메시아주의를 과연 유토피아 사상이라고 말할 수 있
을지 고민이 깊어지는 시점이다.

　유토피아 사상은 새로운 공동체 건설과 연결될 수 있을까?
현대사회에서는 개인의 자유와 개별적인 삶이 강조되고 있다.
타인에게 간섭받지 않고, 타인에 대한 관심도 적어진 현대사
회의 개별적인 생활 패턴에서 과연 유토피아의 공동체 목표를
향해 사람들이 매진할 수 있을지 의문이다. 그렇다고 각자만의
고유한 유토피아를 그리는 것이 가능할까? 인간은 사회적 동
물이기 때문에 이웃과 단절된 채 자기만의 유토피아를 꿈꾼다
는 것은 자칫 백일몽에 불과할 수 있다. 유토피아는 필연적으

헤테로토피아

푸코는 『말과 사물』(1966)에서 헤테로토피아 개념에 대해 다음과 같이 말한다. "유토피아의 공간이 위안을 주는 데 반해서 헤테로토피아는 혼란스럽다. 헤테로토피아는 통상의 문법과 대화와는 다른 길을 제시하기 때문이다. 헤테로토피아는 대화를 고갈시키고, 단어를 그 자리에서 멈추게 하고, 문법의 가능성에 대해서는 문법 자체의 근원에서부터 이의를 제기한다." 이러한 헤테로토피아는 우리의 문법으로 말하기는 어려운 면이 있지만, 유토피아라는 유일한 대안에 대해 새로운 발상을 주기 때문에 의미가 있어 보인다.

로 공동체와 밀접한 연결 고리를 가질 수밖에 없다. 그래서 현대인에게 유토피아 기획은 무리일 수도 있지만, 현재의 힘든 삶을 치료해줄 치유책이 될 수도 있다.

유토피아가 그리는 세상은 확실히 현재와는 다른 새로운 공동체의 모습이 되기도 한다. 새로운 공동체를 건설하려면 기존의 모든 가치들을 전부 새롭게 뜯어고쳐야 한다. 새로운 분배와 평등, 행복에 대한 새로운 기준, 공동체를 유지하기 위해 필요한 도덕률 등등. 물론 새로운 가치들을 만들어내기란 여간 어려운 작업이 아니다.

이제 인류의 미래를 어떻게 전망할 수 있을까? 유토피아보다는 디스토피아적 전망이 우세한 것은 아닌가 하는 생각도 앞에서 해보았다. 그러나 또 하나 흥미로운 것은 이전의 유토피아와는 다른, 색다른 길을 모색한 경우가 있다는 것이다. 현대 프랑스 철학자인 푸코는 유토피아와는 다른 헤테로토피아 (heterotopia) 개념을 말했다. 기존의 유토피아 개념이 하나의 단일하고 동질적인 공동체로서의 유토피아 사회를 말한다면, 푸코가 염두에 두고 있는 헤테로토피아는 반드시 단일하고 유일한 공동체가 아니더라도, 추구하는 이념이 서로 다른, 다양하고 이질적인 공동체들임을 의미한다. 현대사회가 지닌, 다양하고 서로 다른 생각들을 가졌다는 특성들을 생각해본다면, 푸코의 헤테로토피아도 흥미로운 제안이 될 수 있을 것이다. 이 헤테로토피아는 유토피아만이 인류 미래의 대안이 아니라, 오히려 유토피아를 꿈꾸는 천편일률적인 생각에서 벗어나, 서로 이질적이고 다양한 공동체들을 만들 수 있지 않을까 하는 맥락에서 구상되었다. 푸코의 이러한 헤테로토피아 구상은 디스토피아적 전망과는 다른 길을 우리에게 제시한다고 볼 수 있다.

유토피아를 둘러싼 현재적 물음들

토머스 모어의 『유토피아』를 본격적으로 읽어보기 전에 우리 스스로에게 다음과 같이 몇 가지 질문을 던져보기로 하자.

첫째, 모어의 『유토피아』는 왜 여전히 우리가 살고 있는 현재 시점에 꾸준히 소환되는가. 아마 『유토피아』의 핵심 사상들 가운데 현대인들을 매료시키는 무엇인가가 있기 때문일 것이다. 아무 곳에도 없지만 현재 여기는 아닌 다른 곳으로 자꾸 시선이 가는 이유는 무엇일까? 여기 현재의 삶이 고단하고 힘들 때 유토피아가 위안을 줄 것이라는 막연한 희망을 품을 수 있기 때문인지도 모르겠다. 한편 현재 우리 사회에는 유토피아적 희망보다는 디스토피아적 전망이 더 우세한 것은 아닌가 생각해보게 된다. 그럼에도 오늘과 다른 내일, 여기와는 다른 어떤 곳을 찾아 헤매는 현대인들은 미로에서 벗어나 제대로 된 시간과 장소를 만날 수 있을까? 이 지점에서 내가 할 수 있는 일은 무엇일까?

둘째, 유토피아 사상은 나의 삶에서 어떤 역할을 하는가. 현실 도피처인가 혹은 구원의 통로인가. 그렇지 않다면 현실의 괴로움을 잊을 수 있는 마취제 같은 역할인가. 이러한 막연한 질문들 앞에서 확답을 얻기란 쉽지 않다. 또한 유토피아 사상은 그것은 바랄 만한 가능성을 지니고 있는가. 역사를 통해 적지 않은 유토피아적 실험들이 시도되었음에도 불구하고 이상 사회가 아직도 도래하지 않은 것은 무엇 때문인가. 그것은 인간의 본성에 기인한 것일까? 그렇다면 인간의 본성에 혁신을 가해야 하는 것인가 아니면 사회제도 때문인가? 이 때문에 사회에 대한 변혁, 혁명을 여전히 생각할 수밖에 없는가?

셋째, 유토피아 사상은 우리 사회 현실에 어떤 시사점을 던지는가. 현재 우리 사회의 문제들 가운데 여전히 크게 개선되지 않는 문제들, 예를 들면 정의, 평등, 분배, 공정한 경쟁 등의 문제에 대해 유토피아 사상은 어떤 해답의 실마리를 줄 수 있을까? 또한 자본주의 사회가 갖고 있는 많은 문제들에 대해 경종을 울리는 점은 없는가. 자본주의의 폐기, 멸망을 기대하는 것은 현재로서는 거의 불가능하다는 것을 우리는 잘 알고 있다. 그렇다면 이에 대한 소극적인 대안이라도 기대해볼 수 있지 않을까?

넷째, 유토피아는 '희망의 원리'가 될 것인가. 유토피아는 메시아주의인가? 우리는 메시아를 기다리고 있는가? 종종 우리는 유토피아 사상을 메시아주의와 동일시하거나 유사 메시아적 기대감을 갖고 바라보는 것이 분명하다. 세계의 종말론을 믿고 싶어하는 적지 않은 사람들을 주변에서 종종 목격할 수 있다. 이러한 종말론적, 메시아적 유토피아주의가 희망의 원리로 둔갑한다면, 우리 공동체를 위협할 가능성은 없는가?

다섯째, 유토피아라는 하나의 '이상적'이고 '모범적'인 전형이 있는가. 이러한 단일한 유토피아적 사상은 닫힌 유토피아가 되지는 않겠는가. 즉 '우리들'만의 혹은 '그들만'의 폐쇄된, 타자와 약자를 배제하는 닫힌 유토피아를 암암리에 좇고 있는 것은 아닌지 모른다. 오히려 우리가 추구해야 할 것은 이러한 닫힌 유토피아가 아니라 우리들 전부, 우리 모두에게 '열려 있는' 유토피아여야 하지 않을까? 억압받고 있는, 주변화된 '타자들의 시선'에 우리는 눈을 감아버리는 것은 아닌가. 유토피아는 현재 여기가 아닌 미래의 다른 곳이 아니라, 여기 현재 시점에서 두 발을 딛고 우리가 만들어가야 하는 유토피아여야 하지 않을까. 그러기 위해서 내가 그리고 우리가 할 수 있는, 해야만 하는 일은 무엇일까? 이러한 질문들을 염두에 두면서 이제 본격적으로 모어의 『유토피아』를 찬찬히 읽어보기로 하자.

2장

『유토피아』 읽기

이상 국가인 유토피아 섬나라

유토피아의 원래 말은 '우 토포스(ou topos)'라는 그리스어에서 유래한다. 우(ou)는 '없다'라는 뜻이고, 토포스(topos)는 장소를 뜻한다. 이 둘을 합친 우 토포스는 장소가 없다, 즉 '어디에도 없는 곳'이라는 뜻이 된다. 그렇다. 유토피아는 지구상 어디에도 존재하지 않는, 상상의 나라이다. 그러나 누구나 한 번쯤은 꿈꾸고 가보고 싶어하는 나라이기도 하다. 인류는 먼 옛날부터 잃어버린 고향이자 이상향의 나라인 유토피아를 그리워했다. 모어 역시 자신이 동경하는 유토피아를 갈 수 없었겠지만, 책으로나마 상상의 나래를 펴서 그려보고자 했던 것이다.

우선 『유토피아』의 구성과 개요를 한번 살펴보기로 하자. 『유토피아』는 크게 두 권으로 구성되어 있다. 1권에서는 모어가 유토피아라는 상상의 나라를 실제로 있는 나라처럼 그리기 위해 몇몇 장치를 설정한다. 등장인물을 보면, 1권에서는 토머스 모어와 그의 주변 인물들, 모어의 친구이자 탐험가 라파엘을 소개한 피터 자일스, 그리고 포르투갈 출신의 유토피아 탐험가인 라파엘 히슬로다에우스, 영국 켄터베리 대주교이자 추기경인 존 모턴 경 등이 등장한다. 우리들은 라파엘의 입을 통해 영국 현실에 대한 비판을 들을 수 있다. 그리고 가상의 인물 라파엘이 이러한 현실과는 전혀 다른 새로운 나라를 탐험한 여행기가 시작된다.

2권에서 유토피아는 라파엘의 탐험기를 통해 본격적으로 모습을 드러낸다. 여기서 다루는 주요한 문제는, 첫째로 민주주의적 통치 제도와 노동하는 인간 존재에 관한 것이다. 둘째로 잘살기 위한 안전 장치를 마련하기 위해 복지제도와 검소한 경제적 생활 운용을 이야기한다. 셋째로 진정한 인간의 행복이란 무엇인가를 묻고, 학문과 배움이 왜 소중한지 논의한다. 넷째로 법과 도덕의 관계 그리고 안락사와 결혼 제도의 문제를 다룬다. 다섯째로 전쟁과 평화의 그 복잡한 함수 관계를 다룬다. 마지막으로 유토피아에서 종교의 자유와 정의로운 사회에 대해 논의한다.

모순투성이 현실:
유토피아에 다녀온 탐험가의 현실 비판

유토피아 탐험가 라파엘과의 만남

토머스 모어는 '어디에도 없는 나라'이지만, 나중에는 어떤 '이상향'을 뜻하는 '유토피아'를 그리고 싶어했다. 르네상스 당시 유럽 사회는 '지리상의 발견'이 말해주듯이, 유럽을 탈출해 새로운 땅을 발견하려는 바람이 강하게 불었다. 모어가 『유토피아』를 쓴 강력한 동기 중 하나도 그 당시 이러한 분위기 때문인 듯하다. 유럽의 탐험가들이 배를 타고 나아가 '인도'라는 새로운 땅을 발견했듯이, 그 당시 사람들은 신천지를 발견했다는 소식에 귀가 솔깃했다. 유럽의 여러 나라들이 앞다투어 배를 타고 나아가 새로운 대륙을 발견한 '지리상의 발견'의 분위기에 편승해 모어도 『유토피아』를 썼다고 볼 수 있다.

당시 영국 왕 헨리 8세가 주변의 조그만 나라인 카스티야(지금의 스페인에 있던 왕국)의 왕 카를로스와 다툼을 벌이자, 모어는 이 문제를 해결하기 위한 사절로 플랑드르 지방에 파견된다. 그는 자신의 일을 수행하면서 다른 볼일로 안트베르펜으로 간다. 모어는 자기가 희망하는 나라 '유토피아'를 그리기 위해 몇 가지 소설적 기법을 사용해 다음과 같이 상황을 설정한다. 유토피아 이야기는 이 안트베르펜에서의 중요한 만남에서부터 본격적으로 시작된다. 모어는 내심 헨리 8세가 통치하고 있던 영국의 현실이 마음에 들지 않았던 것이 분명하다. 그러나 모어는 무턱대고 현실을 비판하기는 어려웠던 듯하다. 그래서 그는 『유토피아』를 집필하는 우회로를 찾아 그 책에 자기 생각을 밝힌 것이 아닌가 싶다. 당대 사람들의 취향과 기호에 잘 맞아떨어질 그럴싸한 기법으로 인기 대중소설 같은 『유토피아』를 쓴 것이다. 그는 이 '유토피아'라는 새로운 섬에 다녀온 이야기를 들려줄 훌륭한 가상 인물을 만들어낸다. 유토피아를 탐험한 '라파엘 히슬로다에우스'는 이렇게 탄생한 인물이다.

이제 모어가 가공의 인물로 설정했지만 모어를 통해 생명

력을 얻은 살아 있는 라파엘을 만나러 가보자. 모어는 '라파엘 히슬로다에우스'라는 인물을 멋지게 포장한다. 꽤 긴 이름의 이 인물을 앞으로는 '라파엘'이라고 짧게 부르기로 하겠다. 르네상스의 대표적인 인문주의자인 에라스무스와 절친한 사이였던 모어는 라파엘을 에라스무스에 비견할 만한 인물로 그리고 싶었던 것 같다. 모어는 오래전부터 알고 지냈던, 높은 학문과 훌륭한 성품을 지닌 청년 피터 자일스의 소개로 라파엘을 만나게 되는 것으로 설정한다. 모어는 라파엘을 포르투갈 출신으로 가정하는데, 이 인물은 라틴어에도 능통하지만 그리스어에 더 조예가 깊다. 르네상스의 인문주의자들이 동경했던 문화가 그리스 문화였던 것을 염두에 둔 것이다. 라파엘은 유토피아를 항해한 탐험가이다. 그렇지만 모어는 라파엘을 그리스신화에서 트로이 전쟁 이후 오랫동안 항해했던 오디세우스로 묘사하기보다는 『국가』의 저자인 플라톤에 가깝게 묘사한다. 그리스의 위대한 철인, "너 자신을 알라"라고 한 소크라테스의 수제자이자 그리스의 위대한 철학자가 플라톤이다. 모어는 라파엘을 그리스신화의 용기 백배한 영웅 오디세우스로 그리기보다는 성찰적이고 철학적인 인물인 플라톤에 가까운 인물로 그리고 싶어했다.

모어가 살았던 15세기 말, 16세기 초에 '지리상의 발견'에서 가장 주목받은 출중한 인물은 아메리카 대륙을 발견한 것으로 알려진 아메리고 베스푸치다. 모어는 베스푸치의 항해단에 『유토피아』의 주인공 라파엘을 편입시킨다. 라파엘은 베스푸치의 네 차례 항해에 참가하고 마지막으로 베스푸치 일행과 떨어져 유토피아를 여행했다는 구상이다. 모어는 라파엘의 입을 통해 유토피아 여행기를 전하는데, 그전에 라파엘을 통해 영국 현실 정치를 비판한다.

영국 현실 정치에 대한 우회적 비판

15세기 유럽은 중세 봉건제가 서서히 무너지고 봉건 제후의 세력이 약화되면서 군주의 권한이 점차 강화되는 과정에 있었다. 마찬가지로 영국에서도 왕의 세력이 커졌고, 중앙 집권적인 왕권 국가로 자리잡아가고 있었다. 군주들은 왕권을 강화하기 위해 여러 가지 정책을 시행했는데, 이 체제 속에서 국민은 아무런 힘도 권리도 없었다. 이런 현실을 모어는 매우 예리하고 비판적인 눈으로 지켜봤다. 근대 시민사회에서의 시민권에 대한 논의는 아직 이뤄질 수 없었지만, 모어는 일찍이 민주주의자였던 것이고, 국민의 권리와 삶을 존중하는 민주주의를 염두에 두고 있었던 것이다. 『유토피아』에 나타난, 당시 영국 현실과 매우 다른 다양한 대안들은 현대의 시각으로 봐도 깜짝 놀랄 만큼 파격적이고도 훌륭한 청사진이다. 이제 구체적으로 모어가 라파엘의 입을 빌려 어떻게 현실을 비판했는지 하나하나 보기로 하자.

라파엘은 국민을 훌륭하게 통치해야 할 군주들이 자기들의 권력 확장과 욕심만을 채우기에 급급한 모습을 보게 된다. 라파엘은 군주와 그 주변의 정치가들, 관료들을 신랄하게 비판하면서 다음과 같이 말한다.

> 무엇보다도 군주들은 대개 평화를 유지하려는 훌륭한 방안보다는 전쟁 기술에 더 큰 관심을 가지고 있는데, 이것에 대해서 나는 아무 지식도 없고 흥미도 없습니다. 군주들은 대체로 이미 그들이 가지고 있는 왕국을 잘 다스리는 일보다는 수단과 방법을 가리지 않고 새로운 왕국을 획득하는 일에 더 골몰하고 있지요. 더욱이 왕의 고문이라는 사람들은 스스로 매우 현명하다고 생각하기 때문에 구태여 다른 사람의 권고를 받아들이거나 인정할 필요가 없지요. 적어도 그들은 자신들을 그렇게 생각하고 있습니다. 또 그들은 군주의 특별한 총애를 받는 높은 사람들의 말이라면 아무리 어리석은 것이라도 찬

잉글랜드 에드워드 3세와 프랑스의 필립 6세의 전투. 13~14세기 무렵의 백년전쟁.

성하고 아부하지요.(『유토피아』, 20쪽)

라파엘의 이러한 말 속에서 우리는 당시 유럽 군주들의 관심이 무엇이었는지, 또 라파엘의 군주들에 대한 비판의 논점이 무엇인지를 분명히 엿볼 수 있다. 중세 사회에서 근대 사회로 넘어가면서 유럽의 많은 군주들은 자기들의 영토를 확장하고 권력을 쟁취하는 데 주로 관심이 있었다. 14세기 중엽부터 영

백년전쟁

중세 말 유럽의 여러 나라들은 영토 분쟁으로 크고 작은 전쟁을 치렀다. 그 가운데 프랑스와 영국은 1337년에서 1453년에 걸쳐 거의 100년 동안 전쟁을 벌였다. 백년전쟁의 주요 원인은 프랑스 영토 일부가 영국 국왕의 소유라는 해묵은 문제였다. 프랑스와 영국의 지루한 충돌 과정에서 프랑스의 잔 다르크가 프랑스의 승리에 큰 견인차 역할을 했다. 잔 다르크는 영국군에 의해 마녀로 기소되어 화형에 처해졌지만, 프랑스군의 사기를 진작시켜 영국인을 프랑스 땅에서 추방하고 프랑스의 왕권 강화에 기여한 셈이 되었다.

국과 프랑스가 거의 100여 년 동안 벌인 백년전쟁은 영토 확장을 두고 벌인 전쟁이었다. 1455년부터 1485년까지 30년 동안 영국에서 일어난 장미전쟁은 영국의 왕위 계승권을 두고 벌인 일종의 권력 다툼형 전쟁이었다. 따라서 당시 왕들은 국민의 안위와 행복과 평화에 대해서는 거의 관심이 없었고, 오로지 전쟁만을 일삼는 일종의 전쟁광이었다고 해도 과언이 아닐 것이다. 이러한 군주에게 빌붙은 관료들 역시 군주들의 비위를 맞추기에 급급하면서 출세와 권력을 거머쥐는 데 혈안이 되어 있었다. 모어는 라파엘의 입을 빌려 이러한 군주들과 관료들을 신랄하게 비판했다.

도둑을 예방하는 사회

도둑의 발생 원인 분석

그렇다면 중세 사회에서 근대 사회로 넘어가는 과도기에 유럽의 대다수 국민들은 어떤 상태에 놓여 있었을까? 당시 대부분의 유럽 사회는 들끓는 도둑들로 골머리를 앓고 있었다. 그러다 보니 도둑을 줄이기 위해 가혹한 처벌을 하는 것을 당연한 풍조로 받아들였다. 흔히 어떤 사람이 범죄자가 되는 것은 그 사람의 품성이 본성적으로 나빠서인가, 아니면 주변 환경이 너무 열악해서 범죄자가 되는가 하는 논의를 많이 하곤

한다. 즉 범죄자가 생기는 원인은 사람의 본성 때문인가 아니면 환경 때문인가 하는 논의 말이다. 권력자들, 귀족들은 무지몽매하고 거친 국민들이 나쁜 품성을 갖고 있기 때문에 도둑이나 떼강도가 된다고 생각한다. 그래서 범죄를 더 저지르지 않도록 가혹하게 벌을 주어야만 한다고 이구동성으로 말했다. 심지어 도둑들을 한꺼번에 교수형에 처하기도 했다.

귀족들의 이러한 판단은 올바른가? 이에 대한 모어의 생각은 당시 귀족들과 상당히 달랐다. 모어는 도둑들이 그렇게 들끓었던 것은 그들이 도둑질을 하지 않고서는 도저히 생계를 이어나갈 수 없었기 때문이라고 분석한다. 즉 그들이 원래 악한 품성을 지니고 있어서가 아니라, 사회 구조적으로 살아나갈 수 없는 열악한 환경에 처했기 때문이라는 것이다. 이렇게 대다수 국민들이 도둑질에 의존하지 않고는 살아갈 수 없었던 근본 원인은 무엇이었을까?

중세 사회에서 근대 사회로 이행한다는 것은 중세 시대의 장원에서 농사를 짓던 형태가 바뀌고 산업화가 되어간다는 의미다. 모어가 살던 시대에 이러한 산업화의 가장 초기 형태로 나타난 것이 '인클로저(enclosure)' 운동이다. 중세 시대까지만 해도 봉건 영주 밑에서 농민들이 농토에서 소작을 해서 살았는데, 장원이 붕괴된 후 귀족들은 농토에 목장을 만들어 양을

인클로저

인클로저는 말 그대로 '토지에 울타리를 치다'라는 뜻이다. 중세 시대까지만 해도 농민들이 농토에서 소작을 해서 근근히 먹고 살았는데, 근대 사회가 되자 귀족들은 토지에 울타리를 치고 농민들을 다 내쫓은 다음 농사를 짓는 대신 목장을 만들어 양을 키우기 시작했다. 당시 영국에서는 한창 양모 공업이 발달해서 양을 기르면 엄청난 이윤을 남길 수 있어서 귀족들은 대부분 이러한 사업을 했다.

키우기 시작했다. 목장에서 쫓겨난 농민들은 일하고 싶은 마음이 간절했지만 그들을 고용하려는 사람이 없었다. 또 농토에 죄다 양을 기르다 보니 농사를 짓지 않게 되어 자연히 식료품 가격이 폭등할 수밖에 없었다. 농민들은 일을 할 수도 없었고 비싼 식료품을 구할 수도 없어서 오갈 데 없이 거지가 되어 굶주리다가 도둑이 될 수밖에 없었다. 그래서 이러한 현상을 놓고 모어는 "유순한 양이 사람까지 먹어치우게 되었다"라고 빗대어 이야기한 것이다.

토머스 모어는 라파엘의 입을 빌려 당시 인클로저 운동의 문제점을 신랄하게 꼬집었다. 중세 사회에서 근대 자본주의 사회로 이행하는 과정에서 필연적으로 나타나게 되는 빈익빈 부익부의 모순된 모습을 모어는 누구보다도 일찍 그리고 매우 예리하게 간파한 것이다. 우리는 지금 현대 자본주의 사회에

인클로저 운동 당시의 농지 분할 방식.

살고 있고, 산업화에 따른 대량생산으로 그 어느 때보다 물질
적인 풍요를 누리고 있다고 생각할 수 있지만, 그 이면을 들여
다보면 다른 모습이 나타난다. 가난한 사람과 부자 간의 소득
불평등, 대량 실업, 청년 실업, 비정규직 양산 등 불안한 미래
가 여전히 개선되지 않은 채 무거운 납덩어리같이 우리 가슴
을 짓누르고 있다. 이처럼 자본주의 제도의 어두운 이면은 벌
써 초기 자본주의에서부터 나타났고, 이런 문제점을 간파한 모
어의 통찰력에 놀랄 수밖에 없다.

도둑을 처벌하는 방법

우리는 빵 한 조각을 훔친 죄로 19년 동안 감옥살이를 한 장 발장을 기억할 것이다. 프랑스의 대문호 빅토르 위고(Victor Hugo)가 쓴 『레 미제라블』을 읽으면서 어떤 생각을 하게 될까? 그는 죄에 비해 엄청나게 과도한 형벌로 감옥에서 젊은 시절을 다 보내고 출옥한 후, 교회에서 은촛대를 훔치다가 다시 체포된다. 그 촛대는 신부가 준 것이라는 증언에 자유의 몸이 된 장 발장은 새로운 삶을 살아간다. 『레 미제라블』은 범죄를 과도하게 처벌하는 것만이 능사가 아니라는 것을 우리에게 깨닫게 해주고, 진정 인간을 교화하는 길이 무엇인지를 다시 생각하게 하는 소설이 아닐까 싶다.

앞에서 설명했던 대로 당시 영국에서는 인클로저 운동으로 도둑이 들끓게 되자, 이들을 무자비하게 교수형에 처하는 일이 비일비재하게 일어났다. 모어는 라파엘의 이름을 빌려 도둑을 사형에 처하는 것을 극구 반대했다.

> 모세의 율법도 무지막지한 노예들에게 매우 엄격하고 가혹한 편이지만, 도둑질을 목숨이 아니라 돈으로 처벌하라고 정한다. 그리고 하느님의 새로운 율법은 아버지가 자식을 훈계할

때처럼 사랑을 강조했으며, 모세의 율법에서보다 더욱 가혹
한 처벌을 허락하지는 않았다. (『유토피아』, 29쪽)

모세가 쓴 십계명에도 나와 있듯이 '살인하지 말라'라는 계
명처럼, 도둑질하는 행위가 타인의 생명을 빼앗을 정도는 되지
않기 때문이다. 모세도 도둑질을 벌금으로 처벌했지, 사형으로
처벌하지는 않았다. 장 발장이 빵 한 조각 훔쳤다고 19년 동안
이나 감옥살이를 한 것 역시 과도한 처벌인 것이다. 또 과도한
처벌은 가벼운 범죄를 더 무겁게 부추기는 악순환을 낳기도
한다.

당시 영국의 범죄자 처벌에 대해 매우 비판적인 시각을 갖
고 있었던 모어는 절도죄를 다스리는 방법으로 훔친 것을 소
유자에게 배상하거나, 일할 기회를 주어 대신 갚도록 하는 방
법을 택한다. 물론 범죄와 형벌의 관계는 여전히 제대로 풀기
어려운 숙제이다. 예를 들어 처음에 가벼운 범죄를 저지른 어
떤 청소년에게 다시는 죄를 짓지 못하도록 무거운 형벌을 내
린다면, 그 청소년은 전과자의 낙인이 찍히면서 사회로 복귀
하기 매우 힘들다. 그래서 무거운 형벌을 주기보다는 죄를
짓지 못하도록 예방하는 것을 더 강화해야 한다는 논의가 점
점 더 설득력을 얻어가고 있는 추세이다.

이상적인 정치가 실현되는 사회

정치의 이상과 현실의 괴리

르네상스의 3대 화가 중 한 사람인 라파엘로(Raffaello Sanzio)가 그린 〈아테네 학당〉이라는 그림이 있다. 이 그림을 보면 그리스 아테네의 많은 학자들이 두 사람을 중심으로 이야기를 하고 있는데, 이 그림의 주인공 두 사람은 누구일까? 한 사람은 그리스의 철학자 플라톤이고, 또 한 사람은 그의 제자 아리스토텔레스이다. 그런데 이 두 사람의 손의 방향을 유심히 살펴보면, 플라톤의 손은 하늘을 향해 있고 아리스토텔레스의 손

플라톤과 아리스토텔레스

플라톤은 아테네의 타락한 현실에 염증을 느껴 완벽한 현실, 즉 가장 이상적인 현실을 철학적으로 구축한 이데아론을 정초하는 데 평생을 바쳤다. 반면에 아리스토텔레스는 플라톤의 이상적인 현실을 저 멀리서 찾지 않고 바로 우리가 사는 현실에서 찾고자 했다. 그래서 우리는 플라톤을 이상주의자로, 아리스토텔레스를 현실주의자로 칭한다.

은 땅을 향해 있다. 자칫 무심코 넘길 수 있지만 여기에는 깊은 뜻이 숨어 있다. 손의 방향이 두 철학자의 핵심을 보여주기 때문이다. 플라톤은 늘 현실보다는 이상을 꿈꾼 이상주의자이며, 반면에 그의 제자인 아리스토텔레스는 현실이 더 중요함을 일깨워준 현실주의자이다. 그래서 다음과 같은 가상의 대화를 꾸며봄직하다. 플라톤이 하늘을 가리키며 "꿈과 이상이 중요하다네" 하니까 아리스토텔레스는 "그래도 우리가 발을 딛고 있는 땅이 더 중요하지 않을까요?" 하고 반문하고 있음을 그림에서 읽을 수 있다. 이런 두 사람의 대화를 끌어들이는 이유는 다음에서 펼쳐질 모어와 라파엘의 대화에서 펼쳐지는 논쟁이 플라톤과 아리스토텔레스의 입장 차이와 비슷하기 때문이다.

모어와 라파엘은 정치를 함에 있어 군주에게 조언과 충고를 하는 것이 좋으냐 아니냐 하는 문제를 갖고 서로 입장 차이를 보인다. 모어는 철학자들이 왕에게 조언을 해서 왕을 도와

플라톤과 아리스토텔레스가 등장하는 라파엘로의 〈아테네 학당〉.

줄 필요가 있다고 생각하는 반면에, 라파엘은 왕 스스로가 철학자가 되지 않는 한 철학자들의 충고는 왕에게 아무런 영향을 미칠 수 없다고 반박한다. 왕들은 이미 어렸을 때부터 그릇된 가치관에 깊이 젖어 있기 때문이라는 것이다. 또한 왕의 관심사는 영토 확장 등 현실적인 이익과 관련되어 있기 때문에, 국민들의 행복 증진을 위해 왕이 힘을 기울여줄 것을 요청하는 라파엘의 충고는 거의 받아들이지 않으리라는 것이다.

따라서 모어와 라파엘은 왕에게 어떤 노선을 담은 정책을 제안하는 것이 바람직한가 하는 문제로 논쟁을 벌인다. 예를 들어 우리나라의 경우에도 북한과의 관계를 설정하는 문제를 두고 서로 현격한 입장 차이를 보일 수 있다. 현실 정치의 논리를 더 중시하는 실리적인 노선을 따르는 사람들이라면, 북한과는 철저하게 경제적이고 실리적인 관점에 입각해 관계를 맺어야 한다고 할 것이다. 그러나 남북통일이라는 이상을 중시하는 사람들은, 당장 눈앞의 경제적인 실리만 따지지 말고, 미래에 이루어야 할 통일을 고려해 북한과 관계를 개선해야 한다고 할 것이다. 앞사람은 현실주의자이고, 뒷사람은 이상주의자에 비유할 수 있다. 마찬가지로 모어와 라파엘이 왕에게 정책 조언을 할 때 어떤 노선의 정책을 제안할 것인가에 따라 두 사람의 입장이 현격히 달라질 수 있다.

라파엘은 한 걸음 더 나아가 국민을 진정 위하는 길이 훌륭하고 이상적인 통치자가 되는 길이라고 생각한다. 그러나 이러한 라파엘의 정치적 충고는 현실의 이익과 권력에 혈안이 되어 있는 왕들에게는 오히려 현실 정치의 흐름을 무시하는 허황된 정책이 된다는 것이 모어의 입장이다. 모어는 여기서 스스로 현실을 중시하는 입장에 서서 라파엘의 정치적 노선이 너무 이상적이고 비현실적임을 드러내려 한 것이다. 그래서 라파엘로의 〈아테네 학당〉에 빗대어 이야기하자면, 라파엘은 하늘을 손으로 가리키는 플라톤과 같은 이상주의자에 비유할 수 있고, 모어는 땅의 방향으로 손을 향한 아리스토텔레스와 같은 현실주의자에 비유할 수 있다. 물론 그렇다고 『유토피아』를 쓴 모어가 현실주의자에만 머물러 있다는 말은 아니다. 정치에서는 그만큼 현실과 이상 사이에 메울 수 없는 거리가 있을 수밖에 없다는 모어 자신의 고민이 투영된 것으로 보면 될 것이다. 말하자면, 한편으로 모어는 라파엘의 입장을 빌려 플라톤 같은 이상주의자가 되고 싶기도 하고, 또 한편으로 척박한 현실을 고려한다면 아리스토텔레스 같은 현실주의자로 남을 수밖에 없음을 인정하기도 한 셈이다.

재산 소유권에 대한 논쟁

모어와 라파엘의 논쟁은 계속 진행되고 있다. 이어서 두 사람은 소유권, 재산 문제에 관해 서로 이견을 보인다. 이 역시 토머스 모어가 라파엘이 탐험하고 온 유토피아에 관한 이야기를 듣기 전에 논쟁거리가 될 만한 중요한 문제를 먼저 짚고 싶어서 이렇게 대화를 풀어가는 것이라고 보면 된다. 이 문제는 사유재산제도가 올바르냐 아니면 공유재산제도가 올바르냐

카를 마르크스

19세기 중반에 서양 자본주의가 한창 진행되어가고 있을 때, 마르크스는 사유재산제도의 심각한 문제점을 통찰했다. 인간을 억압하고 착취하며, 인간을 탐욕스럽게 만드는 자본주의 사회의 가장 큰 문제점은 과도한 재산의 독점에 있다고 보았다. 자본주의 사회가 발달할수록 빈익빈 부익부의 양극화가 더 심화되어 특정계층 사람들만이 안락하고 부유한 생활을 할 수 있다는 것이다. 이러한 문제를 해결하기 위해 그는 악의 근원인 사유재산제도를 없애고, 대신 공동 생산과 공동 분배 제도를 제안한다.

하는 문제로 21세기 현대에도 여전히 풀리지 않는, 정말 어려운 문제이다.

라파엘은 사유재산이 있는 곳에서는 결코 나라가 정의롭고 번성할 수 없다고 강한 어조로 말한다. 즉 라파엘은 명백하게 공유재산제도를 옹호한다. 라파엘이 5년 동안 경험한 유토피아인들은 재화의 평등한 분배, 즉 공유재산제도 속에서 행복하게 살았다는 것이다. 특히 그리스 철학자 플라톤이 『국가』에서 공유재산제도를 주장한 것을 예로 들면서 라파엘은 공유재산제도의 긍정적인 측면을 부각시킨다.

사람들이 모든 이유를 들어 가져갈 수 있는 한 재화를 모을 수 있게 한다면, 재화가 아무리 많이 있더라도 소수의 사람들이 거의 모든 재화를 차지하고 다수의 사람들은 궁핍해질 것이다. (…) 사유재산제도가 완전히 철폐되지 않는다면, 어떤 경우에도 재화가 공평하고 정의롭게 배분되고 만족스러운 인간 생활 조직이 이뤄질 수 없을 것이다.(『유토피아』, 44~45쪽)

따라서 라파엘은 사유재산제도가 폐지되지 않는 한 빈익빈 부익부의 모순은 사라지지 않을 것이며, 사람들의 행복도 보장될 수 없다고 보았다.

반면에 모어는 라파엘과 정반대편에 서서 공유재산제도의 문제점을 제기한다. 모어의 생각에는 모든 것을 공유하게 되면 사람들이 게을러지고, 일을 열심히 하지 않아 물자가 부족해질 것이라고 본다. 또 자기가 일해서 얻은 재산을 법적으로 보호받을 수 없다면, 사회가 끊임없이 유혈과 난동으로 얼룩질 것이라고 반박한다. 물론 여기서도 모어가 사유재산제도를 지지한 사람이라고만 생각하면 안 될 것이다. 사유제와 공유제 각각이 가질 수 있는 문제점을 지적한 것이라고 이해해야 할 것이다.

사유재산이냐, 공유재산이냐 하는 문제는 근대 자본주의 사회가 한창 자리잡아가던 19세기에 가장 논란이 많았던 문제이기도 하다. 근대 산업화 이래 노동자들의 비참한 현실을 목격한, 독일의 철학자이자 혁명가였던 카를 마르크스(Karl Marx, 1818~1883)가 사유재산제도를 폐지하고 공산주의 사회로 갈 것을 주장한 것은 널리 알려진 사실이다. 그런데 이러한 문제를 19세기에 마르크스가 처음 제기한 것이 아니라, 토머스 모어가 이미 16세기에 제기했다는 것은 놀라운 일이 아닐 수 없다.

민주적인 제도 속 노동의 즐거움

민주적인 사회제도

이제 모어가 그린 유토피아로 직접 가보기로 하자. 모어는 유토피아를 섬으로 그리는데, 왜 섬으로 그렸을까? 상상력을 발휘해보면, 모어가 모국인 섬나라 영국을 모델로 삼았다는 것을 충분히 짐작할 수 있다. 그러나 무엇보다도 모어는 내심 유토피아를 다른 여러 나라들과 떨어진, 독립적으로 분리된 섬으로 만들고 싶었을지도 모른다. 부패하고 타락한 현실과 완전히 격리된 청정 지역인 이상 사회로서의 유토피아를 동경했을 것이다.

유토피아는 원래 '야만인들의 나라'라는 뜻을 가진 아브락사(Abraxa: 옷을 입지 않은 사람들)라고 불렸다. 또 유토피아는 처음부터 섬나라는 아니고 원래 반도였다고 한다. 그런데 우토푸스(Utopus)라는 사람이 이 야만인들의 나라를 정복해 이들에게 높은 교양 교육을 시키고 지형도 섬나라로 바꾸었다. 우토포스가 반도에서 섬으로 지형을 바꿀 때 토착민들에게만 일을 시킨 것이 아니라 자신의 군사들에게도 골고루 일을 시켰다. 그 후 이 섬나라는 '유토피아'로 불리게 되었다. 이 섬의 구체적인 모습을 잠깐 살펴보자.

> 이 섬에는 54개의 도시가 있는데, 모두 넓고 크며 언어, 풍습, 제도, 법률이 모두 같다. 이들은 그 장소가 허용하는 한 모두 같은 구조로 만들어져 있으며, 같은 모양을 지니고 있다. 가장 가까운 곳이 서로 24마일 떨어져 있으며, 가장 멀리 떨어져 있는 도시도 다른 도시까지 걸어서 하루에 갈 수 없을 정도로 멀지는 않다.(『유토피아』, 50쪽)

이러한 유토피아의 모습을 보면 역시 모어가 영국을 모델로 한 것이 분명한 듯하다. 또 유토피아의 수도에 해당되는 아

유토피아의 위치와 모습.

마우로툼 역시 영국의 수도인 런던에 비유할 만하다.

다음으로 유토피아의 정치적, 행정적 제도를 살펴보기로 하자. 당시 15, 16세기 유럽 사회는 중세 봉건제에서 근대 사회로 이행하는 중에 있었지만, 여전히 중세의 권위적이고 비민주적이며 폐쇄적인 사회체제가 남아 있었다. 따라서 일반 국민들이 정치에 참여한다는 것은 상상도 할 수 없는 일이었다. 그러나 유토피아에서는 자기가 사는 지방의 대표인 공무원, 즉 그들 말로는 시포그란투스를 직접 뽑았다.

1년에 한 번 30가구가 모여 한 명의 관리를 선출한다. 이 관리는 옛날에는 촌장 시포그란투스라고 불렸는데, 최근에는 촌장 필아르쿠스라고 부른다. (…) 한 도시국가의 촌장 시포그란투스 200명 전부가 모여 총독 한 명을 선출하는데, 이들은 자신들이 생각하기에 가장 훌륭한 사람을 총독으로 뽑기로 서약하고 투표에 임한다. 투표는 비밀 투표로 진행된다.(『유토피아』, 54쪽)

이는 고대 그리스의 폴리스에서 행했던 직접 민주주의 제도를 물려받았다고 생각할 수도 있겠다. 또 우리나라의 경우에 빗대어 생각한다면 일종의 '지방자치제도'와도 유사할 수 있다. 유토피아는 민주주의적인 지방자치제도를 제안하는 셈이다. 지금으로부터 약 500년 전에 모어가 이러한 생각을 했다는 것은 획기적인 일이 아닐 수 없다.

그런데 이러한 결정 과정에서 채택된 사항은 반드시 공동체를 위한다는 조건이 전제되어 있다. 공동체의 행복과 이익에 반하는, 즉 개인만의 사욕과 이익이 우선시되는 것을 경계하고 있다. 이런 측면은, 현대사회에서 개인의 이익과 행복을 무엇보다도 최우선시하는 경향에서 볼 때 우리에게 여러 가지 생각거리와 고민을 준다. 과연 우리는 개인의 이익을 유보하거나 희생하면서 공동체의 이익을 위해 양보할 수 있을지 갈등을 겪을 것이기 때문이다.

노동과 여가 생활

원시 시대부터 인간은 자신의 삶을 영위하기 위해 일을 했다. 인간이 생명을 유지하기 위해서 식량, 옷, 집은 필수품이다. 이러한 의식주 생활에 필요한 노동을 하는 인간을 '노동하는 존재'라고 규정했다. 현대사회에서도 누구나 자기 생계를 유지하기 위해 일을 한다. 그런데 일하는 것이 썩 즐겁고 신나는 사람은 별로 없어 보이며, 솔직히 말하면 노는 것보다 일하는 것이 힘든 것은 사실이다. 인간의 역사를 살펴보면, 노동은 주로 힘없는 계급이나 계층, 예를 들면 노예들이 해왔다. 서양에서도 중세 시대까지 일은 노예나 농노들이 해왔고, 권력과 부를 가진 귀족 계급은 노동을 하지 않았다. 그러다 보니 노동은 주로 천한 계급 사람들이 하는 것이라는 인식이 당연시되어왔다. 그러나 근대 르네상스 이후 서양의 기독교를 바탕으로 노동을 하고 자기 본연의 직업 즉 천직을 갖는 것은 소중한 것이라는 생각이 차츰 퍼지기 시작했다. 그렇지만 근대에 들어서도 노동

노동의 개념

근대 서양에서 노동(Arbeit) 개념을 철학적으로 기초한 철학자는 헤겔이다. 헤겔
(G. W. F. Hegel, 1770~1831)은 『정신현상학』에서 노동을 자신을 실현하는 긍정적인
활동으로 규정했다. 마르크스는 『경제학 철학 수고』에서 자본주의 현실에서는 헤
겔의 노동 활동이 실현 불가능하다고 비판했다. 현실에서 노동은 강제된 노동, 부
정적인 노동으로 나타나기 때문에 '소외된 노동'으로 나타날 수밖에 없다는 것이
다. 마르크스는 노동의 소외는 노동의 산물, 자기 자신, 동료들, 유적 존재로부터
의 소외, 이렇게 네 가지로 나타난다고 설명했다.

은 여전히 비천한 계층이 마지못해 해야 하는 짐으로 생각했다.

　그러나 모어는 유토피아의 섬을 그리면서 노동에 대해 매
우 새롭고 신선한 생각을 우리에게 제시한다. 유토피아에 사는
사람들은 자기 직업, 즉 생업이 있다.

> 농사는 남녀 모든 사람들이 예외 없이 종사하는 생업이다. 모
> 든 사람들은 어렸을 때부터 이 일을 배우는데, 학교에서 이론
> 을 배우기도 하고, 근처 농장에 가서 배우기도 한다. (…) 농
> 사일 이외에, 모든 사람들이 양모 일, 아마포 만들기, 석공 일,
> 금속 일이나 목공 일과 같이 자신에게 맞는 특별한 기술을 배
> 운다.(『유토피아』, 55쪽)

이렇게 모어는 유토피아에 사는 모든 사람들은 자기 신분이 무엇이든 일을 해야 하는 것을 당연하게 생각했다. 더 특기할 만한 것은 모어가 일하는 시간을 하루 6시간으로 한정해놓았다는 것이다. 현대사회의 근로기준법에서 정한 하루 노동시간이 8시간인 것을 생각해본다면, 15세기에 노동시간을 6시간으로 정한 것은 아주 파격적인 생각이 아닐 수 없다. 유토피아에서는 이렇게 6시간만 일해도 생활하는 데 지장이 없었을까? 그들의 생활 리듬을 어떻게 계획해놓았기에 이것이 가능했을까?

> 유토피아인들은 하루를 24시간으로 등분하여 그중 6시간만을 일할 시간으로 배정하고 있다. 정오까지 3시간 일하고, 정오가 되면 점심을 먹으러 간다. 점심 후에 2시간 쉬고 나서, 다시 3시간 일한다. 이후 저녁을 먹고, 저녁 8시경에 잠자리에 들어 8시간 동안 잠을 잔다.(『유토피아』, 56쪽)

이러한 생활 패턴이 현대를 사는 우리에게도 가능할까? 노예들이나 농노들이 노동을 전담했던 르네상스 이전까지 그들의 노동량은 만만치 않았을 것이다. 15~16세기 이후 근대 서양에서는 자본주의 경제체제가 도입되면서 하루 노동시간이 크게 늘어난다. 그런 면에서 "그러나 아무도 무거운 짐을 진 짐승처럼 아침 일찍부터 저녁 늦게까지 일을 계속하여 지쳐 넘어지지는 않도록 해야 한다. 사실 노예들보다도 더 열악한 이런 비참한 상태는 유토피아 이외에 거의 모든 곳의 노동자들이 처해 있는 일반적 상황이다"라고 당시 노동의 상황을 묘사한 모어의 설명을 경청해볼 만하다.

모어의 또 다른 흥미롭고 새로운 생각은 노동 이외에 문화 생활과 자기 계발이 가능한 '여가 생활'에 대해 남달리 생각했다는 것이다. 물론 노동을 하지 않았던 귀족들, 왕족들에게 대부분의 시간은 여가와 여흥 시간이었겠지만, 노동하면서 동시에 여가 생활을 즐길 수 있는 생활 리듬을 모어가 생각한 것은 가히 현대적이라 하지 않을 수 없다.

일하는 시간, 잠자는 시간, 밥 먹는 시간 이외의 낮 시간은 누구나 자기 마음대로 쓸 수 있다. 다만 이 자유 시간을 술 마시고 떠들거나 빈들빈들 노는 데 허비하는 것이 아니라 자기가 선택한 어떤 일을 하는 데 제대로 쓴다면 말이다. 보통 이런 빈 시간은 지적 활동에 이용된다. 그곳에서는 매일 아침 일찍 공개 강의를 하는 것이 관습으로 정착되어 있다. (…) 저녁을 먹고 나면 1시간 동안을 오락으로 보낸다. 여름에는 정원에서, 겨울에는 식사를 하는 공회당에서 즐긴다. 거기서 그들은 음악을 연주하거나 담소를 나누며 즐겁게 지낸다. (⋯) 그러나 여기서 이전 이야기로 돌아가 좀 더 자세하게 설명하지 않으면 잘못된 인상을 받을지 모르겠다. 6시간밖에 일하지 않는 것으로 보아 어쩌면 생필품 공급이 부족할 것이라 생각할지 모르기 때문이다. 그러나 결코 그렇지 않다. 그들의 작업 시간은 생필품과 생활에 편리한 물품까지 실컷 쓰고도 남을 정도로 만들어내기에 충분하기 때문이다.(『유토피아』, 56~57쪽)

현대에서 유토피아의 이러한 삶의 모습을 상상할 수 있을까? 하루에 6시간만 일하고도 개인 시간을 자유롭게 쓰면서 여가를 만끽할 수 있다니, 정말 부러운 일이 아닐 수 없다. 당시 16세기 산업사회 초기 노동자들은 하루에 12시간 이상을 일했다고 한다. 또 지금 현대인들도 근로기준법상 8시간 노동이 보장되어 있지만, 야근을 한다든지 집에 일거리를 가져가서 하는 경우를 보면 결코 유토피아인들보다 여유롭고 한가한 생활을 한다고 보기 어렵지 않겠는가.

여기서 우리가 놓치지 말아야 할 중요한 논점이 있다. 유토피아인들은 거의 대부분 게으름 피우지 않고 함께 노동에 참여한다. 물론 유토피아에서도 (육체) 노동이 면제된 사람들이

있다. '시포그란투스'라고 해서 지금으로 말하면 일종의 관리
직에 해당하는 사람들이다. 그러나 이 사람들이라고 해서 놀고
먹는 것이 아니라, 사회의 노동이 잘 돌아가도록 관리하는 일
을 한다. 따라서 유토피아 사회에서는 거의 모든 계층이 일을
한다. 이러한 유토피아 사회의 노동 모델은, 과도한 노동을 할
수밖에 없는 계층과 노동하지 않아도 부유한 삶을 사는 재벌
같은 부자 계층으로 나뉘어 있는 현대사회에서는 생각할 수
없는 모델이다. 그러나 우리는 이렇게 적은 노동을 하면서 빈
부 격차가 거의 없는 유토피아의 사회를 꿈꿀 수는 있다.

또 유토피아인들은 비생산적인 일은 하지 않으며, 꼭 필요
한 노동만을 하기 때문에 노동시간이 훨씬 줄어든다. 게다가
유토피아인들은 아주 절제되고 검소한 생활을 한다. 그들의 검
소하고 수수한 의복이 마음에 들지 않을 수 있겠지만, 그들은
화려하고 사치스러운 생활을 결코 원하지 않는다. 물론 이러한
유토피아인들의 생활을 현대의 눈으로 보면 꽤 불만족스러울
수 있다. 다양성과 톡톡 튀는 개성을 중시하는 현대인의 문화
생활 패턴에서 보면 유토피아인들의 생활은 획일적이고 지루
하며 몰개성적일 수 있기 때문이다.

그러나 유토피아에서는 적어도 근대 자본주의 사회가 본
격적으로 출현하면서 노동이 가져다준 심각한 문제는 발생하

찰리 채플린의 〈모던 타임스〉(1936).

지 않는다고 볼 수 있다. 세계적으로 유명한 희극인 찰리 채플
린이 만든 무성영화 〈모던 타임스〉를 한번 떠올려보자. 이 영
화를 보면 지금도 여전히 서글프다. 주인공 채플린은 공장에서
일하는 일용직 노동자이다. 그는 하루 종일 스패너로 나사를
조이는 단순한 노동을 한다. 그는 이 일이 결코 즐겁지 않다.
거대한 공장 기계의 조그마한 부품에 지나지 않는 그는 쉬는
시간에도 무의식적으로 나사를 조이는 행동을 한다. 왜 자신이
이 노동을 해야 하는지도 잘 모르면서 말이다. 그렇다고 노동
시간이 짧은 것도 아니다. 앞에서 말했듯이, 원래 인간은 자기

· Concept Word ·

찰리 채플린

찰리 채플린(Charlie Chaplin, 1889~1977)은 영국 태생으로 미국에서 활동한 영화감독 겸 제작자이자, 무성 영화 시대 최고의 희극 배우이다. 채플린은 〈시티 라이프〉 〈모던 타임스〉 등의 영화를 성공시키면서 전성기를 맞았고, 유성 영화 시대의 걸작인 〈위대한 독재자〉 〈살인광시대〉까지 제작했다. 〈모던 타임스〉는 산업화 물결 속에서 기계 같은 삶을 사는 인간의 조건에 대한 풍자를 주제화했다. 채플린은 이 영화에서 기계 문명이 가져올 비인간화 현상과 극단적인 자본주의의 병폐, 그리고 대공황이 가져올 암울한 미래를 그렸다.

생활을 영위하기 위해 노동하는 존재이며 이는 자신을 위해 하는 노동인데도 불구하고, 어떤 사회적 체제에서는 노동이 자기를 위한 것이 아니며 노동이 즐겁지도 않을 때가 많다는 것이다. 반면에 유토피아인들이 하는 노동은 자신을 위한 노동이며 여가가 충분히 보장된 의미 있는 노동이다. 결국 모어는 유토피아를 구상하면서 국가가 존립하는 가장 중요한 목적은 국민이 최소한의 노동을 즐겁게 하면서 자아실현을 위한 여가를 마련하게 하는 데 있다고 본 것이다.

유토피아의 복지 제도

복지사회의 선구적 모습

이제 유토피아에서 사는 사람들의 도시 생활의 구체적인 모습을 보기로 하자. 우선 그들의 가족제도와 가족 수에 대해 다음과 같이 말하고 있다.

각 도시는 가구들로 구성되어 있으며 가구들은 대개 혈연관계로 이루어져 있다. 여자들은 성장하여 결혼하면 남편 집으로 이사를 간다. 한편 아들과 손자들은 자기 집에 남아 있으며 가족 중 가장 고령자에게 종속하게 되는데, 다만 그가 늙어서 망령을 부리지 않을 때만 그렇고, 만일 망령을 부리게 되면 다음 고령자가 가장의 자리를 맡게 된다. (주변의 농촌 지역을 제외하고는 각 도시에는 6,000가구가 있는데) 도시의 인구가 너무 적어지거나 너무 많아지지 않게 하기 위해 그들은 각 가구당 성인을 10명보다 적게, 16명보다 더 많이 두지 못하게 한다.(『유토피아』, 59~60쪽)

현대의 핵가족 제도와 유토피아의 가족제도는 차이가 난다. 유토피아의 가족 수는 핵가족 제도가 출현하기 이전 대가족의 가족 수에 해당한다고 볼 수 있다. 여기서 특기할 만한 점은 사람들이 안락한 생활을 유지할 수 있도록 가족 수와 도시 내의 인구 수를 면밀하게 조절하는 데 있다. 인구가 너무 많으면 그에 맞는 적절한 수요와 공급을 조절할 수 없기 때문이다. 사람이 사는 데는 적절한 재화와 물자가 필요하고, 이것들이 부족하면 갈등과 다툼이 생긴다는 것을 모어는 잘 간파한 것이다.

그런데 인구 조절이 마음대로 되지 않는 경우도 생긴다. 유토피아 섬 전체의 인구가 과잉일 경우, 각 도시에서는 시민들을 선발해 토착민들이 살지 않는 인접 대륙의 척박한 땅을 식

해외 식민지 개척

중세에서 근대 초기로 이행하는 서유럽의 역사에서 두 가지 극적인 사건이 일어났다. 하나는 스페인과 포르투갈의 해외 팽창이고 또 하나는 프로테스탄트 종교개혁이었다. 전자의 활동을 흔히 지리상의 발견으로 칭하며, 스페인과 포르투갈의 정복 활동이 특히 두드러졌다. 15세기 말부터 16세기 전반까지 불과 수십 년 동안에 유럽인들은 대양으로 진출하여, 동남아시아에서 지배권을 장악하는가 하면 서반구 전체를 석권했다. 이러한 유럽의 해외 팽창은 다른 대륙에 대한 식민지 건설로 이어졌다.

민지로 삼아 이주시킨다. 모어는 근면한 유토피아인들이라면, 이러한 불모의 땅을 단번에 기름진 옥토로 만들 수 있을 것이라고 생각했다. 혹시 토착민들이 여기에 같이 살기를 원할 경우 받아들이고, 거부하거나 저항하는 자들과는 전쟁을 벌인다. 또 반대로 인구가 크게 줄 경우에는 식민지에서 사람들을 데려와 수를 채우기도 한다. 당시 유럽에서는 해외 식민지 개척이 막 이뤄지고 있는 때였기 때문에 식민지 문제에 대해서는 모어 역시 특별히 비판적으로 생각하고 있지 않음을 엿볼 수 있다.

다음으로 유토피아인들의 가족 내 규범과 공공 생활의 질서를 한번 살펴보자.

각 가구의 최고령자가 가족을 다스린다. 아내는 남편을 섬기고, 아이들은 부모를 섬기며, 그리고 일반적으로 젊은이는 연장자를 섬긴다. 각 도시는 네 개의 비슷한 구로 나뉘어 있고 각 구의 한복판에 모든 종류의 물품을 갖춘 시장이 있다. 각 가구에서 만들어내는 것들이 이곳으로 운반되어 창고에 보관되며, 각 물품마다 각기 정해진 장소에 놓여 있다. 각 가구주는 여기에서 자신과 자기 집에 필요한 물품을 찾아 돈을 지불하거나 어떤 보상 없이 그냥 가져간다.(『유토피아』, 60~61쪽)

앞에서 보았듯이 유토피아에서는 거의 대부분의 사람들이 노동을 하고 공동으로 생산한다. 마찬가지로 소비와 분배 역시 공동으로 한다. 현대 자본주의 사회에서는 생각할 수조차 없는 일이 아니겠는가. 대부분 모든 범죄와 악은 물자의 결핍으로부터 온다. 흔히 "사흘만 굶으면 누구나 도둑이 된다"는 말이 있듯이, 인간이 본성적으로 악하고 탐욕스러운 존재라기보다는 재화의 부족이 인간을 악의 구렁텅이로 몰아넣으며, 모어는 이를 누구보다도 잘 알았던 것이다.

결핍에 대한 두려움 때문에 모든 생물이 탐욕스러워지고 약탈하게 된다는 것은 의심의 여지 없는 사실이지만, 사람은 이

· Concept Word ·

경찰 국가

17~18세기 절대 전제군주 국가들은 강력한 국가 권력 유지를 위해 경찰권을 강화하고 국부의 증대를 위한 중상주의 정책을 실행했는데, 이러한 국가를 '경찰국가'로 부른다. 19세기 자본주의가 발달한 이후에 개인의 자유와 사유재산을 보호하기 위해 밤에 순찰을 도는 최소한의 활동으로 국가의 임무를 한정하는 '야경국가' 개념이 등장했다. 이러한 야경국가는 국가의 간섭을 최대한 줄이고 자본의 자유 경쟁을 보장하는 최소주의 국가, 소극적 국가로 평가할 수 있다. 야경국가는 국가의 적극적인 역할을 강조하는 복지국가와는 대조되는 개념이다.

것 말고도 단순히 뽐내고 싶은 마음에서도 그렇게 되기 마련이다. 그것은 가진 것을 과시함으로써 남보다 앞섰다고 자랑하는 헛된 자만심이지만, 유토피아의 제반 제도 안에는 그와 같은 악이 끼어들 자리가 전혀 없다.(『유토피아』, 61쪽)

따라서 유토피아 사회는 공동 생산과 공동 분배의 원칙을 잘 살려서 인간 본성이 사회제도 속에서 좋은 방향으로 잘 뻗어나갈 수 있도록 제도적 장치를 마련한다. 이러한 유토피아 사회가 충분히 부러울 수 있지만, 유토피아 사회가 아무 문제가 없는 완벽한 사회일 수는 없을 것이다. 또 이렇게 좋은 제도를 왜 인류는 채택하지 않을까 하고 의구심을 가질 수도 있다. 공동 생산과 공동 분배에 대한 생각은 19세기 마르크스에 의해 좀 더 구체적으로 다듬어졌다. 또 20세기에 와서는 소비에트 연방에서 이러한 제도가 실제로 채택되어 실행되기도 했었다. 마르크스는 빈부격차의 주요 원인인 사유재산제도를 없애고, 그 대신 공동 생산과 공동 분배의 제도를 제안했다. 마르크스가 '낮에는 일하고 밤에는 독서와 낚시할 수 있는 생활'이 가능하다고 본 것도 다 이러한 이유 때문이다. 그런데 문제는 공동 생산과 공동 분배를 할 때 인간이 많이 게을러진다는 데 있다. 공동 생산과 분배 제도를 도입한 소비에트 연방이 1987년에 무너지게 된 데에는 이러한 이유가 크게 작용했다. 따라서 모어의 유토피아 사회의 이상은 훌륭하지만, 그것이 현실에서 어떻게 구체적으로 실현 가능한가 하는 점은 우리가 계속 고민해보아야 할 문제일 것이다.

요즘 우리 사회에서 자주 듣게 되는 말 가운데 '워라밸(work-life-balance)'이라는 말이 있다. 일(work)과 삶(life) 간의 균형(balance)을 지키는 새로운 삶의 방식을 말한다. 예전에는 육체적, 정신적 건강의 조화를 통해 행복한 삶을 추구한다는 '웰빙(well-being)' 열풍이 불었는데, 최근 들어서는 웰빙에서 더 나아가 개인의 업무와 사생활 간의 균형을 묘사하는 '워라밸'이 주목받고 있다. 사생활을 일 못지않게 중요시하는 젊은이들을 중심으로 알려진 워라밸은 이제 중장년 세대에게까지 퍼져나가고 있는 양상이다. 워라밸의 핵심은 일 못지않게 개인의 생활, 특히 여가를 어떻게 보낼 수 있으며, 양자 간의 균형을 어떻게 맞출 수 있느냐에 달려 있다. 따라서 예전처럼 일의 강도를 혹독하게 높이는 데만 열중하던 가치관에 적지 않은 변화가 생긴 것이다.

이에 따라 복지사회의 강조점도 이제는 웰빙에서 워라밸로 가고 있다. 현대사회에서 가장 행복하고 살기 좋은 사회 유형을 꼽자면 누구도 망설이지 않고 '복지사회'를 꼽을 것이다. 우리나라에서도 복지사회라는 개념은 이제 낯설지 않은, 시민으로서, 국민으로서 당연히 누릴 수 있는 사회 유형이라고 생각한다. 선진국은 오래전부터 복지사회의 관계망이 촘촘히 갖춰져 있고, 또 많은 나라들이 복지국가를 이루기 위해 노력을 기울이고 있다. 복지사회, 복지국가는 20세기에 들어 정착한 개념으로 그전에 국가는 경찰국가이거나 야경국가였다.

현대에 들어서서야 비로소 뚜렷하게 나타난 '복지'에 대한 개념을 모어는 벌써 16세기에 구상했다고 볼 수 있으니 그의 인간을 배려하는 마음을 충분히 짐작할 수 있다. 물론 모어가 '복지'라는 개념을 구체화한 것은 아니지만, 그가 유토피아에서 묘사하고 있는 사회의 모습에는 안락하고 행복한 삶의 형태가 들어 있다. 이러한 모어의 혜안에 감탄하지 않을 수 없다.

요즘 우리 사회도 의료보험제도가 비교적 잘 정착되어 전 국민이 의료 서비스를 충분히 받고 있는데, 이는 20세기 후반이 되어서야 실현된 것이다. 르네상스 시대 때 대부분의 국민들은 병원에 제대로 갈 수 없었고 성직자들이 운영하는 병원도 시설이 굉장히 열악했다고 한다. 그에 비하면 유토피아의 병원 시설은 비교적 잘 갖춰졌던 듯하다.

> 공공 병원에서 치료받고 있는 병자들에 대한 배려가 제일 우선이다. 도시마다 이런 병원이 네 개 있는데, 성벽 밖 조금 떨어진 도시 경계 지역에 세워져 있으며, 조그마한 마을처럼 보일 정도로 널찍하다. 병원을 이렇게 크게 지은 데는 두 가지 이유가 있다. 환자 수가 아무리 많더라도 과밀하게 수용되어 서로 불편을 느끼지 않도록 하기 위해서이고, 또한 다른 사람에게 병을 옮길 수 있는 전염병 환자들을 격리 수용하기 위해서이다. 병원은 잘 정비되어 있고, 환자 치료에 필요한 모든 것을 갖추고 있어서, 환자들을 친절하고 세심하게 돌본다.(『유토피아』, 61~62쪽)

이제 유토피아의 다른 생활을 살펴보기로 하자. 대부분 어머니가 아이들을 기르는데, 경우에 따라서는 보모들이 아이들을 공동으로 기르기도 한다. 도시에서는 각 가정별로 따로 식사를 하는 것이 아니라 대부분 공동 식사를 하며, 식사 예절은 비교적 엄격하다고 할 수 있다. 식사 시간을 이용해 자유롭게 이야기하면서 각 개인의 본성과 자질을 찾아내려는 노력도 기울인다. 반면에 농촌에서는 이웃과 멀리 떨어져 있기 때문에 자기 집에서 식사를 한다. 다만 음식이 모자란 가정은 하나도 없다. 도시 주민들의 음식은 원래 모두 농촌 사람들에게서 가져온 것이기 때문이다. 유토피아인들은 허가만 받는다면 자유롭게 여행을 할 수 있다. 만일 허가도 받지 않고 제멋대로 자기가 살고 있는 구역을 떠났다가 붙잡히면 엄중한 처벌을 받고, 다시 그런 행동을 하면 노예가 된다. 이렇게 여행의 자유를 주면서도 엄격하게 허가제를 실시하는 것은 유토피아 사회가 투명하게 돌아가도록 하기 위해서이다.

> (유토피아 사회에는) 술집도 없고, 맥줏집도 없고, 사창가도 없다. 타락할 기회도 없고, 숨을 곳도 없으며, 비밀 집회를 할 장소도 없다. 그들은 모든 사람들이 훤히 들여다보고 있는 가운데 살고 있기 때문에, 평소 자기 직종에서 일하거나 건전한 방법으로 여가를 즐길 수밖에 없다. 이런 관행으로 말미암아 삶에 유익한 물건들이 풍족해질 수밖에 없으며, 모

든 물건을 평등하게 나누어 가지기 때문에 가난에 시달리거나 구걸할 수밖에 없는 지경에 이르는 사람은 있을 수 없다.(『유토피아』, 65쪽)

이러한 유토피아 사회의 일상을 잘 살펴보면, 이 사회는 구조적으로 불평등과 방종과 게으름을 방지하는 안전장치를 마련해두었으며, 여가도 매우 건전하게 보내고 있다고 볼 수 있다. 그에 비하면 당시 귀족들은 술을 마시고 카드 놀이 등 향락에 빠져 매우 방탕한 삶을 살았다고 한다. 또 유토피아에서는 현대사회에서처럼 거의 살인적이고 치열한 생존 경쟁에서 시달리며 살 필요가 없을 정도로 여유 있고 안락한 삶이 보장된다. 이런 유토피아에 갈 수 있다면 가보고 싶을까 아니면 너무 안일하고 지루한 삶처럼 여겨질까. 갈 수만 있다면 유토피아에 한번 살아보는 것도 흥미롭고 재미있는 경험이 아닐까 싶다.

검소한 삶이 생활화된 사회

요즘 청소년들은 옷, 신발, 가방 등을 살 때 유명 브랜드를 따지는 경향이 적지 않다. 우리나라 회사들은 고가의 로열티를 물어가면서 그 브랜드를 사올 수밖에 없는 형편이다. 어떤 상품이 얼마나 실용적이고 튼튼한가 하는 것은 요즘 청소년들의 관심 밖이다. 이처럼 현대 자본주의 사회의 과도한 소비 생활이 결국은 우리의 경제적 삶을 더 피폐하게 만든다는 사실을 알고는 있지만 그 심각성은 잘 모르는 것 같다. 끝없는 인간의 소비 욕구를 채우기 위해 우리는 더 많은 시간 노동을 해야 하고, 사회는 필요한 생필품의 수준을 넘어서서 끝없이 생산을 해야 하기 때문이다. 우리가 과도한 소비를 줄이고 꼭 필요한 물품만 사용하여 노동의 노예가 되지 않아도 좋지 않을까 생각해본다. 불필요한 재산 축적과 지나친 낭비를 할 필요가 없지 않겠는가. 더욱이 요즘 지구 온난화와 더불어 인간의 과소비와 환경 오염이 심각한 문제로 등장하고 있다. 이럴 때 우리는 『유토피아』로부터 교훈을 얻을 수 있지 않을까 싶다. 모어는 이러한 지혜로운 소비와 근검 절약 정신을 실천하고 있는 유토피아 사람들의 생활을 다음과 같이 그리고 있다.

그들은 자기들에게 필요한 만큼 충분히 비축하고 나면—다음 해의 수확이 늘 불확실하기 때문에 만 2년 동안 소요될 양을 비축해야 한다고 생각하는데—그때에는 남아도는 것들,

아브라함 얀센스의 그림 〈미다스의 심판〉(1573).

즉 많은 양의 곡물, 꿀, 양모, 아마, 목재, 진홍색과 보라색 염
료, 날가죽, 밀랍, 소기름, 가죽 그리고 가축 등을 다른 나라에
수출한다. 이 모든 물건들의 7분의 1을 수입국의 가난한 사람
들에게 무료로 주고, 나머지는 적절한 가격으로 판다.(『유토피
아』, 65쪽)

그렇다면 현대인들이 유토피아 사람들처럼 이렇게 느긋하
게 생활을 꾸려갈 수 있을까? 지구촌에 전쟁이 끊이지 않는 불

안한 상황에서 사람들은 알게 모르게 라면, 미숫가루 등 비상식량을 준비하곤 한다. 또 불투명한 미래를 대비한다는 명목하에, 비록 일부 잘사는 사람들 이야기이지만, 재산과 불필요한 주택을 몇 채씩 소유하는 사람들도 적지 않다. 원래 인간은 이렇게 한없이 욕심 많은 본성을 지녔을까? 인간의 욕심과 탐욕의 끝은 어디인가. 인간의 욕심과 탐욕이 비극적인 결말을 맺은 경우를 우리는 종종 보기도 한다.

그리스신화에 등장하는 미다스 왕 이야기가 떠오른다. 그는 술의 신 디오니소스의 총애를 흠뻑 받은 왕이었다. 어느 날 디오니소스의 스승이자 동료인 실레노스가 미다스 왕의 장미정원에서 길을 잃고 헤매자, 미다스 왕은 실레노스에게 길을 잘 가르쳐주었다. 이에 대한 답례로 디오니소스는 미다스 왕에게 소원을 하나 들어주겠다고 약속했다. 신이 난 미다스 왕은 자신의 손을 황금 손으로 만들어달라는 소원을 청했다. 이제 미다스 왕의 손이 닿는 것은 어느 것이나 찬란한 황금으로 변하게 되었다. 그 끝은 어디로 향했을까. 자기 딸도 황금으로 변했고, 배가 고파 먹을 것을 집어 들자 음식 역시 황금으로 변해버렸다. 아차 하고 자신의 소원이 탐욕스러웠다는 것을 깨달은 미다스 왕! 그렇다. 우리에게 금은 그렇게 필요하지도 중요하지도 않다. 다만 사람들이 돈을 소중히 여길 뿐만 아니라 숭배하기까지 하고 돈에 맞먹는 금 역시 탐을 내게 된 것이다. 그렇다면 유토피아 사람들은 금에 대해 어떤 태도를 취할까?

> 그들은 정교하게 만들어져 있지만 값은 비싸지 않은 토기 접시로 음식을 먹고 유리컵으로 음료를 마시는 반면, 공회당 홀이나 개인 집에서 사용하는 요강이나 그 밖의 아주 천한 기물들은 모두 금은으로 만든다. 그뿐 아니라 바로 노예들을 묶는 사슬과 무거운 족쇄 역시 이런 금속으로 만든다. 끝으로, 어떤 파렴치한 행위를 범한 표시를 지니고 있어야 할 범죄자들은 귀에 금 고리를 달고, 손에 금가락지를 끼고, 목에 금제 사슬을 두르고, 심지어 금제 머리띠를 매고 있어야 한다. 이와 같이, 그들은 가능한 모든 방법으로 금은을 경멸의 대상으로 들추어낸다. 그 결과 다른 나라 사람들은 이런 금속을 내놓을 때 마치 자기 창자를 도려내는 것과 같은 고통을 느끼지만, 그들은 자기가 가지고 있는 이런 금속을 몽땅 내놓아야 한다 해도 단 한 푼도 손해보지 않았다고 생각한다.(『유토피아』, 67쪽)

유토피아 사람들이 금을 이렇게 다루는 것은 우리 상식으로는 참으로 이해하기 어렵다. 금은 환전 가능한 돈과 마찬가

황금 만능주의

황금 만능주의(mammonism)란 돈을 가장 소중한 가치로 생각해 돈(황금)에 집착하는 생각을 말한다. 배금(拜金) 사상도 이와 비슷해서 금을 숭배하는 사상을 뜻한다. 원래 황금 만능주의라는 말은 물신 숭배(物神崇拜, fetishism)에서 유래한 것으로 물건을 신처럼 숭배하는, 즉 어떤 물건에 초자연적인 힘이 있다고 믿는 생각이다. 이러한 물신 숭배가 자본주의에서는 인간이 만들어낸 상품, 화폐, 자본을 현대인들이 숭배의 대상으로 삼는 황금 만능주의가 되었다.

지인데, 금을 이렇게 하찮게 다룰 수 있을지 의아해지기도 한다. 그러나 우리가 조금만 발상의 전환을 하면 이러한 유토피아 사람들의 금에 대한 경멸적 태도를 이해 못 할 것도 없다. 잘 생각해보면 금이란 원래 구리, 청동, 철, 아연 등과 똑같이 그저 땅에서 나는 광물의 한 가지 종류일 뿐이다. 예를 들어 철이라는 금속은 인류 문명사에서 정말 중요한 역할을 해왔다. 오죽하면 인류 문화가 구석기, 신석기, 청동기를 거쳐 철기 문화에 들어서서 비약적으로 발전했을까. 실용적으로 보면 금보다는 철이 훨씬 더 우리 생활에 쓸모 있고 가치가 있다. 그러나 금은 그 번쩍번쩍하고 화려한 외관 때문에 아주 옛날부터 사람들의 사랑을 독차지했다. 금으로 만든 왕관, 금으로 만든 투구, 금으로 만든 화폐 등등 금에 대한 사람들의 사랑은 대단했다. 물론 그만큼 금을 캐내기가 어려워 희소가치가 있는 것도 금이 귀중품이 된 한 요인이었을 것이다. 심지어 중세 사람들은 금속을 제련하여 금을 만드는 '연금술'을 끊임없이 시도했었다. 금에 대한 숭배, 즉 '황금만능주의' 혹은 '배금사상'은 현대에도 여전히 맹위를 떨치고 있다. 모어는 이러한 '황금만능주의'가 초래할 위험성을 간파하는 혜안을 지녔던 것 같다.

황금만능주의와 배금사상이 가져온 병폐는 소설 속에서도 자주 나온다. 셰익스피어의 희곡인 『베니스의 상인』에 나오는 유대인 고리대금업자 샤일록은 돈을 빌려주는 대가로 젊은 안 토니오의 목숨값을 사려고 한다. 다행히 포샤의 지혜로 샤일록의 야비한 계획은 수포로 끝나고 이야기는 해피 엔딩으로 멋 지게 장식된다. 인간의 생명을 돈, 황금에 견줄 수야 없겠지만, 우리 주변에서도 종종 인명 경시 풍조와 함께 돈으로 모든 것을 해결하려는 경우를 흔히 볼 수 있어 씁쓸하다.

그렇다면 유토피아 사람들은 어떻게 이처럼 검소하고 절 약하는 생활이 몸에 배게 되었을까? 우리에게 황금 보기를 돌 같이 하고 수도사처럼 절제되고 검소한 생활을 하라고 한다면 다들 엄청나게 스트레스를 받을 것이다. 자신만의 톡톡 튀는 개성을 마음껏 발휘하라고 부추기는 다양한 문화 상품들이 많 기 때문에 이를 외면하고 산다는 것은 상상할 수조차 없는 일이다. 그런데 이처럼 겉으로 보기에 풍요롭고 화려해보이는 현대 소비문화는 실상 그다지 실속이 없을 뿐만 아니라, 이러한 자원을 끝없이 생산해내기 위해서는 새로운 아이템을 개발해야 하는 무한 경쟁 체제에서 벗어날 수 없다. 매일 매일 엄청난 대가를 지불하고 살 수밖에 없는 것이 현대 문화 생활의 비극이라고 한다면 과장일까. 그에 비하면 유토피아 사람들의 생활 신조는 매우 다르다.

이들이 어렸을 때부터 우리와는 다른 교육을 받아서 그런 것이 아닌가 싶다. 유토피아인들은 부자에게 빚진 것도 없고 부자의 지배하에 있지 않으며, 부자를 하느님 모시듯 숭배하는 사람들을 의아하고 두렵게 생각한다. 그들의 마음을 사로잡는 것은 오직 그가 부자라는 사실뿐이다. 하지만 부자는 너무나 인색하고 욕심이 많아서, 평생 동안 그가 모은 그 많은 돈더미 가운데 한 푼도 자기들에게 내놓지 않으리라는 것을 알고 있다.

유토피아인들은 이런 마음가짐을, 일부는 그 나라의 제도들이 이런 어리석은 짓들과는 완전히 반대되는 제도하에서의 훈육을 통해서, 일부는 교육과 좋은 책들을 통해서 터득했다. 각 도시에는 노동이 면제되어 오직 학문에 전념하도록 지정

된 사람들이(이들은 어릴 적부터 학문에 알맞은 뛰어난 성품, 비상

한 지성과 열의를 가지고 있음을 보여준 사람들이다) 소수 있지만,

모든 아이들이 좋은 학문을 소개받으며, 또 남녀를 불문하고

많은 사람들이 전 생애에 걸쳐, 이미 말한 바와 같이 자신의

자유 시간을 독서에 바치고 있기 때문이다.(『유토피아』, 70쪽)

이처럼 유토피아의 생활 신조와 교육은 우리와 매우 다르
고 다소 고리타분해 보일 수 있지만 한번 경청해볼 만하며 또
이런 교육의 기회를 체험해보고 싶지 않을까 싶다. 유토피아
사회의 구성원들이 받고 있는 교육의 수준은 꽤 높다고 볼 수
있다. 이들은 자신들의 언어로 여러 학문을 갈고 닦으며, 자신
들의 생각을 전달할 때 정확한 언어를 구사하기 때문이다.

유토피아 사회에서는 대다수가 노동을 하게 되어 있고, 재
산도 공동 소유이기 때문에 우리 사회에서 만연한 무한 경쟁
이라는 것 자체가 없다. 우리가 교육을 받는 가장 중요한 이유
중 하나는 역시 장래의 출세를 위해서라고 할 수 있다면, 유토
피아에서는 출세를 위한 교육이 필요 없다. 오래전에 본 〈빌리
엘리어트〉라는 영화가 인상 깊어 아직도 기억에 남는다. 권투
보다는 발레에 훨씬 뛰어난 소질을 가진 빌리라는 한 소년이
있었다. 빌리는 남자는 발레리나가 되어서는 안 된다는 통념과

영화 〈빌리 엘리어트〉(2001).

싸웠다. 또 출세해서 영국 탄광촌의 빈곤 상태를 벗어나야 한다는 당시의 생각도 넘어섰다. 아마 우리가 유토피아에 살게 되면 소질에 따라 자신이 원하는 삶을 살게 되지 않을까 싶다. 자기가 원하는 공부, 원하는 책을 자유롭게 선택할 수 있는 사회, 이런 유토피아 사회가 부럽지 않을 수 없다.

학문의 수준과 관련해 꼭 짚고 넘어가야 할 사실이 있다.

케플러

케플러(Johannes Kepler, 1571~1630)는 르네상스 시대 독일의 천문학자이자 점성학자이다. 케플러는 태양계 내 행성들의 운동을 기술하는 법칙들인 행성 운동의 세 가지 법칙을 발견했다. 이 가운데 첫 번째인, 모든 행성은 태양을 하나의 초점으로 하는 타원 궤도를 그리며 태양 주위를 공전한다는 법칙은 매우 중요하다. 케플러는 행성 운동을 완전히 이해하는 데 큰 공헌을 했고, 뉴턴의 만유인력을 설명하는 방법을 제시하는 데 큰 도움을 주었다.

모어가 기획한 유토피아 공동체의 기획에서 빠질 수 없는 것이 이들이 미래에 자신들의 공동체를 어떻게 관리해낼 수 있느냐 혹은 관리 능력이 있느냐 하는 점이다. 즉 유토피아 사회가 기독교의 메시아주의적 관망과 달리, 미래를 내다보는 기획을 가진다는 것은 매우 중요하다. 이때 중요한 관건은 과학기술의 정신과 기획이 있느냐, 즉 과학기술의 탐구에 유토피아 사회가 어느 정도 전념하느냐 하는 점이다. 과학기술의 탐구와 관련된 논의는 『유토피아』 텍스트에 별로 나타나 있지 않다. 기껏해야 천문학 기술에 대한 언급이 있을 뿐이다. 유토피아 사람들은 별자리의 운행과 천체의 움직임에 관해 상당한 진보를 이뤘으며, 태양과 달, 행성들의 운행과 위치들도 관찰했다고 보고하고 있다. 물론 이 당시의 천문학이 아직 케플러의 행성 운동 법칙 등이 나오기 이전이므로 높은 수준이라고 보기

는 어렵다. 다만 이들은 기독교식 점성술의 조야한 수준에 대
해서는 비판적인 시각을 갖고 있다.

유토피아의 삶과 교육제도

행복한 삶의 기준

이제 유토피아 사람들의 내면적인 생활을 들여다보기로 하자. 유토피아 사람들에게 삶의 궁극적인 목표와 삶의 기준은 무엇일까? 언뜻 보기에 그들의 삶의 목표는, 대부분 사람들의 삶의 목표와 비슷하게 '행복'에 있다. 고대 그리스 철학자 아리스토텔레스 역시 인간의 삶의 목표는 행복(Eudaimonia)에 있다고 했다. 그러나 '행복'이라는 말처럼 추상적이고 포괄적인 개념도 없다. 구체적으로 어떤 식의 행복인지를 잘 살펴봐야 그들의 삶의 목표를 알 수 있을 것이다.

> 그들의 주요한 문제는 인간의 행복을 무엇이라고 생각하는
> 가, 그리고 행복을 구성하는 것은 한 가지인가 여러 가지인가
> 라는 점이다. 이 점에 관해서 그들은 쾌락을 선호하는 견해
> 에 너무 기울어진 듯한데, 그들은 인간의 행복에서 전부 또
> 는 가장 중요한 부분이 쾌락에 있다고 결론짓고 있다.(『유토피
> 아』, 71쪽)

여기까지만 읽으면 유토피아 사람들이 무슨 대단한 쾌락주
의자인 듯 보일 것이다. 서양의 역사에서 쾌락주의를 대표하는
학파는 에피쿠로스학파로 알려져 있다. 그런데 사람들은 흔히
에피쿠로스학파를 감각적이고 육체적인 쾌락을 탐닉한 사람
들로 잘못 알고 있다. 그 때문에 에피쿠로스학파에 대한 사람
들의 평가는 대부분 부정적이다. 이 학파 사람들을 물불 안 가
리고 감각적이고 저질스러운 쾌락만을 만끽하는 사람들로 보
는 것이다. 예를 들면 맛있는 음식을 마구잡이로 먹는다든가,
육체적인 쾌락에 푹 빠져 정신적인 수련과는 아예 담을 쌓고
사는 사람들인 양 취급한다. 이러한 평가는 쾌락주의에 대한
그릇된 평가에 불과하다. 우리는 인간의 본성이 쾌락에 있다는

행복

플라톤의 수제자였던 아리스토텔레스는 『니코마코스 윤리학』 제10권에서 행복이 인간이 영위하는 모든 일의 궁극 목적이라고 했다. 행복은 정지되어 있는 상태가 아니라 자족적인 것이며, 그 자체로 바람직한 활동임을 강조했다. 행복은 최고의 덕을 따르는 활동으로, 이러한 활동의 전형은 관조적인 학문이다. 관조적인 활동은 이성을 따르는 활동으로 완전한 행복은 관조적 생활임을 말한다. 이러한 관조적인 행복한 생활은 평범한 사람들이 따르기는 쉽지 않은 면이 있다.

것을 부인하지도 못하면서, 도덕적 엄숙주의에 짓눌려 쾌락을 억누르는 것만이 최고의 덕목이라고 생각해왔다.

유토피아 사람들이 행복의 척도로 놓은 쾌락은 에피쿠로스 학파가 제시하는 정신적 쾌락과 매우 유사하다.

그들이 이해하고 있는 쾌락이란 사람이 자연의 지시에 순응하여 즐거움을 찾는 모든 육체적·정신적 상태와 운동을 말한다. 욕망은 자연의 지시에 순응해야 한다고 덧붙이는 데에는 그럴 만한 충분한 이유가 있다. 감각과 올바른 이성에 따름으로써 우리는 자연적 본성이 즐거운 것이 무엇인지를 찾아낼 수 있다. 그것은 곧 남을 해치지 않고 더 큰 쾌락을 방해하지 않으며, 고통을 수반하지 않는 즐거움이다. 그러나 그들은 자연에 반하는 모든 쾌락, 그리고 사람들이 모두 (마치 사물의 이

에피쿠로스학파

에피쿠로스학파는 인간의 본성이 쾌락에 있다는 것을 일찍이 간파했으며, 특히
이들은 정신적인 쾌락의 상태를 추구하고자 했다. 이 학파는 인간 본성의 궁극적
인 쾌락을 마음의 평정으로 본다. 감각적이거나 육체적인 쾌락은 결코 완전하게
만족되지 않으며, 어떤 경우에는 오히려 그 쾌락을 얻지 못함으로써 고통을 당하
게 될 수도 있다고 보았는데, 이를 '쾌락의 역설'이라고 한다. 예를 들어 식도락가
는 끊임없이 최고의 맛을 지닌 음식을 먹지만 그 욕망은 결코 채워지지 못하며,
이 때문에 식도락가는 건강을 지키기 위해 적당히 음식을 먹는 평범한 사람들보
다 먹는 즐거움이 더 괴로울 수 있다.

름을 바꿈으로써 사물의 참다운 본성을 바꿀 수 있기라도 한 것처럼)

오직 헛된 가상에 의해 '즐거운 것'이라고 지칭하는 쾌락은,

진정으로 행복을 이루지는 않는다고 단정하고 있다.(『유토피

아』, 73~74쪽)

이렇게 유토피아 사람들은 행복을 '쾌락'으로 구체적으로
밝히고 있지만, 모든 종류의 쾌락이 행복을 이루는 요소는 아
니라고 본다. 인간의 진정한 본성을 발현시킬 수 있는 쾌락 이
외의 다른 쾌락은 일종의 사이비 쾌락에 불과하다는 것이다.
예를 들어 고급 옷감으로 만들어진 화려한 옷을 탐하는 사람
들, 보석에 열광하는 사람들, 또 과도하게 재산을 축적하는 사
람들은 분명히 사이비 쾌락의 함정에 빠진 사람들이라고 할

에피쿠로스(Epicouros, 기원전 341~270)의 흉상.

수 있다. 당시 16세기 귀족들의 생활을 살펴보면 이들은 도박이나 사냥을 즐기곤 하는데, 사냥은 동물을 살육의 목적으로 잔혹하게 죽이는 것으로 매우 이기적이고 잔인한 쾌락의 일종이다. 그렇다면 유토피아인들이 진정으로 생각하는 쾌락은 무엇일까?

그들은 여러 가지 쾌락 중에서 정신적 쾌락을 주로 추구하며 이를 가장 높이 평가한다. 으뜸가는 정신적 쾌락은 덕의 실천과 올바른 삶에 대한 의식에서 우러난다고 생각한다. 육체적 쾌락 중에서는 건강을 제일로 꼽는다. 그들은 먹고 마시는 것과 이와 비슷한 종류의 다른 즐거움은 바랄 만한 것으로, 그것은 오직 건강을 위해서라고 생각한다. 그런 쾌락은 그 자체가 즐거운 것이 아니고, 다만 슬그머니 침범해오는 질병을 막는 수단으로서의 쾌락이라는 것이다.(『유토피아』, 78쪽)

즉 유토피아인들이 소중히 생각하는 쾌락은 비단 정신적 단련에 가까운 정신적 쾌락뿐만 아니라, 육체적 쾌락 역시 포함한다. 이들은 육체적 쾌락을 두 종류로 분류한다. 첫째는 감각을 직접적인 기쁨으로 충족시키는 쾌락이다. 이런 쾌락은 때로는 자연적인 열기로 쇠약해진 신체 기관들이 음식물 섭취로 회복될 때 느껴진다고 본다. 예를 들면, 특정한 부위가 순환이 잘 되지 않을 때 그 순환을 원활하게 함으로써 몸의 균형을 찾는 경우이다. 음악을 듣는 것도 이러한 불균형 상태일 때 평온한 안정을 찾게 해주는 좋은 방법일 수 있다. 둘째는 안정되고 조화로운 신체 상태 즉 어떤 장애에 의해서도 괴로움을 당하지 않는 건강 상태를 말한다. 고통의 괴로움이 없는 건강은 아무런 외부적인 자극 없이도 그 자체가 바로 즐거움이라는 것이다.

이렇게 보면 유토피아인들이 희구하는 행복한 삶은 그리 어려운 것도 그리 금욕적인 것도 아닌 매우 평범한 것이다. 정신적으로 평온한 상태를 유지하고, 육체적으로 평온하게 감각의 균형과 건강을 지키는 것을 말한다. 이러한 상태가 현대인들에게는 대단히 어려워 보일 수도 있고, 수도사들이나 할 수 있는 금욕주의적 생활 같아 보이기도 한다. 다방면에서 수많은 자극에 노출되어 있는 현대인들이 감각의 평형 상태를 유지하기란 쉽지 않기 때문이다. 또 현재와 미래에 대한 알 수 없는 불안으로 늘 긴장 상태를 벗어날 수 없는 현대인의 복잡한 삶 역시 정신적인 평온 상태와는 거리가 멀어 보인다. 또한 순간의 감각적 쾌락 과잉에 충실하고 정신적 평온 상태는 아예 포기해버리는 유혹으로부터 현대인들은 자유롭지 못한 것도 사실이다. 그러나 우리가 우리 본성에 조금만 더 귀를 기울이고 욕심을 내지 않는다면 유토피아의 삶을 조금씩은 닮아갈 수 있지 않을까 싶다.

배움을 즐기는 사회

다음으로 유토피아 사람들의 지식욕에 대해 살펴보기로 하

자. 아무런 목적도 없이 그저 배우는 것 자체가 즐거운 사람들이 있을까? 우리는 왜 힘들여서 학교에 다니고, 머리 싸매고 공부를 하는 것일까? 학벌을 얻기 위해? 졸업 후 취직을 위해? 장래의 출세를 위해? 혹시 배우는 것 자체가 너무 즐거운 사람들은 없을까? 시험 공부 때문에 억지로 하는 공부, 선생님이나 부모님의 강요에 못 이겨 하는 공부는 재미없지만, 스스로 선택한 소설책이나 자기 취미에 맞는 책을 순식간에 독파해버리는 경험은 결코 낯설지 않다. 우리가 공부를 싫어하고 공부에 게으르다고 야단맞는 것은 아마 우리 탓만은 아닐 것이다. 공부를 재미있게, 정말 흥미를 갖고 할 수 있게 하는 교육제도가 마련된다면 아마 공부는 노는 것만큼 신나고 즐거운 일이 될 수 있지 않을까 상상해본다. 유토피아 사람들은 어떤지 한번 살펴보자.

국민들은 편안하고 쾌활하고 영리하며, 여가를 좋아한다. 그들은 필요할 때는 힘든 노동을 견뎌낼 수 있지만, 필요 없을 때는 그것을 별로 좋아하지 않는다. 그들은 지적 추구에서는 지칠 줄을 모른다. (우리 생각에, 역사가와 시인을 빼놓으면 그들이 가치를 인정할 만한 라틴어 작품은 아무것도 없었기 때문에) 우리가 그리스의 문학과 학문에 대해 이야기하는 것을 듣자, 그들이 우리한테서 그리스어를 배우기를 얼마나 간절히 소원하는지 정말 놀라운 광경이었다. 그래서 그들을 가르치기 시작했는데, 처음에는 그들에게 무슨 도움이 되리라 기대했다기보다는 오히려 우리가 수고를 아끼는 것같이 보이지 않으려 한 것이었다. 그런데 조금 가르쳐보자 그들이 어찌나 열성적인지, 우리 노력이 헛되지 않으리라는 것을 곧 확신하게 되었다. 그들이 어찌나 빨리 글자 모양을 가려내고, 말을 아주 분명하게 발음하며, 금방 기억하고, 정확하게 받아 외기 시작하는지, 그건 기적과도 같았다.(『유토피아』, 80쪽)

우리도 이렇게 유토피아 사람들처럼 신명나게 공부할 수 있을까? 자기가 좋아하고 흥미있는 과목이나 분야라면 누가 시키지 않아도 열정적으로 공부하게 되지 않을까? 우리나라 학생들이 공부를 재미없어하는 것은 교육과정과 교과목이 거의 획일적으로 구성되어 있기 때문일 것이다. 학생들이 어떤 적성을 갖고 있는지, 어떤 흥미를 느끼고 있는지에는 아랑곳하지 않고 오로지 똑같이 짜여진 교과 과정을 주입식으로 전달하는 데 문제가 있을 것이다.

좀 오래된 노래이기는 하지만 서태지와 아이들이 발표한 〈교실 이데아〉라는 곡을 떠올려보자. "됐어, 이제 됐어. 이제

이데아

그리스의 철학자 플라톤은 『국가』에서 '동굴의 비유'를 이야기한다. 동굴에 갇힌 수감자들은 동굴을 세상 전체로 생각하고, 눈 앞에 보여진 그림자 만을 실제 있는 것으로 믿는다. 그러나 동굴에서 풀려 나와 세상을 보게 된 수감자는 자신이 가짜 만을 보았다는 것을 깨닫게 된다. 이처럼 플라톤은 동굴에서 본 그림자, 이 세상 간의 차이가 있으며, 이 세상보다 완벽하고 변하지 않는 가장 이상적인 세계를 이데아(Idea)로 상정한다. 철학의 궁극 목표는 이데아를 향한 여정이라고 볼 수 있으며, 이러한 플라톤의 이론을 이데아론으로 부른다.

그런 가르침은 됐어. 그걸로 족해, 이젠 족해. 내 사투로 내가 늘어놓을래. 매일 아침 일곱 시 삼십 분까지 우릴 조그만 교실로 몰아 넣고 전국 구백만의 아이들의 머릿속에 모두 똑같은 것만 집어넣고 있어. 막힌 꽉 막힌 사방이 막힌 널 그리고 우릴 덥썩 모두를 먹어삼킨 이 시꺼먼 교실에서만 내 젊음을 보내기는 너무 아까워." 노래 제목이 〈교실 이데아〉라니! 흥미있는 제목이 아닐 수 없다. '이데아'라는 말의 유래를 찾아보면 그 이유를 알게 될 것이다. 이데아를 영어로 쓰면 'idea'인데, 이 말은 그리스의 유명한 철학자 플라톤의 핵심적인 개념이다. 이데아는 '원형'이라는 뜻도 되지만, 그 사물의 가장 그 사물다움 즉 가장 이상적인 형태를 말한다. 토머스 모어의 '유토피아'를 '가장 이상적인 나라'로 풀이할 수 있다면, '교실 이데아'는 '가

플라톤의 동굴의 비유를 묘사하는 그림.

장 이상적인 교실'을 말하는 것이 아니겠는가. 우리나라 학생
들도 학교가 유토피아 같고 이상향의 교실이었으면 어땠을까.
불행하게도 우리 현실은 언제나 유토피아와 거리가 있고, 이상
향과는 다른 메마르고 살벌한 곳이다. 그래서 늘 우리는 유토
피아를 꿈꾸고, 이상향으로서의 이데아를 찾아다니려고 하는
것 아니겠는가. 서태지와 아이들의 〈교실 이데아〉가 곡 발표
당시 열렬한 호응을 얻은 것은 이상향으로서의 교실과 학교를

꿈꾸는 우리나라 청소년들의 바람을 잘 대변했기 때문일 것이다. 또 원하는 공부를 할 수 없는 우리 교육 현실을 한탄하는 목소리이기도 하겠고, 우리나라 주입식 교육의 현실을 잘 풍자한 호소력 있는 노래라고도 할 수 있겠다.

그런데 창의적인 교육이 잘 되지 않는 것은 우리나라의 교육 현실만은 아닌가 보다. 1989년에 개봉한 〈죽은 시인의 사회〉라는 영화를 가끔씩 다시 보면 가슴이 찡하다. 천편일률적인 주입식 교육과 살벌한 경쟁을 부추기는 입시 위주의 교육 현실에서 잔잔한 감동을 주기 때문이다. 명문 웰튼 고등학교에 부임한 키팅 선생님은 '오늘을 충실하게 살라'라는 슬로건 아래 파격적인 교육을 실시한다. 이 학교에 '죽은 시인의 사회'라는 비밀 서클이 있었다는 것을 전해 들은 몇몇 학생들은 이 전통을 발굴해 자신의 끼와 적성을 발산하면서 내면에 묻혀 있었던 자신을 새롭게 발견하게 된다. 그러나 한 친구의 자살로 학생들의 소박한 꿈은 현실의 벽에 부딪치고, 키팅 선생님은 학교를 떠나게 된다.

그러나 이렇게 비극적인 경우만 있는 것은 아니다. 또 다른 영화 〈굿 윌 헌팅〉을 한번 기억해보자. 주인공 윌 헌팅은 보스턴 남쪽 빈민가의 노동자 계층에 속하는 청년으로 대학 교육 한번 받아본 적이 없다. 윌은 미국 명문 MIT대학에서 청소부

영화 〈굿 윌 헌팅〉(1997).

로 일하는데, 어느 날 그에게 천재적인 수학 재능이 있는 것을 한 교수가 발견한다. 윌의 인생은 이때부터 완전히 다르게 펼쳐진다. 우리 각자에게도 숨어 있는 천재적 재능이 반드시 있을 것이다. 그걸 발굴해줄 사람은 훌륭한 스승일까, 자기 자신일까, 아니면 유토피아와 같은 사회일까?

　유토피아 사회의 교육제도는 우리가 생각한 것보다 훨씬

다양하고 풍부하다. 유토피아 사람들은 배움을 단순히 즐기기만 하는 것이 아니라 이를 실제 삶에 풍부하게 응용한다. 무엇보다도 이들은 의학을 존중한다. 그들은 의학적 지식을 학문중 가장 훌륭하고 유익한 분야의 하나로 생각한다. 또한 유토피아인들은 배운 지식을 통해 삶을 더욱 즐겁게 해주는 갖가지 기술을 발명하고 배운다. 비록 그들이 인쇄술과 제지술을 발명해내지는 않았지만, 이 두 기술을 빨리 습득해 엄청난 양의 책들을 찍어낸다. 알다시피 인쇄술이 발전하기 전에는 책이 일반 사람들에게 보급될 수 없었다. 책을 구할 수 있는 일부 계층, 예를 들면 왕족, 귀족, 성직자 계층들만이 책을 읽을 수 있었다. 그러다 보니 지식도 일부 부유층과 귀족 계층에게만 독점되었다. 르네상스 이후 서양에서는 인쇄술과 제지술의 발달로 책이 이전 시대보다는 훨씬 더 널리 일반 사람들에게 보급되었다. 유토피아에서는 실물 재산뿐만 아니라 지식이라는 재산도 여러 사람이 공유할 수 있는 여건이 조성되었다.

도덕과 자율적인 삶

최소한의 법률로 유지되는 도덕적 사회

그런데 유토피아에 노예가 있다는 말을 들으면 아마 깜짝 놀라거나 의외라는 생각이 들 것이다. 유토피아에서는 누구나 다 행복하고, 모두 아름답고 도덕적이며, 착한 삶을 살 것이라고 상상할 것이기 때문이다. 그러나 모어가 그린 유토피아는 법도 도덕도 원칙도 없는, 자칫 무질서해 보이는 그런 사회는 아니다. 누구나 행복하게 사는 아름답고 선한 사회를 만들기 위해서도 몇 가지 법과 원칙은 있어야 할 것이다. 그러면 유토

피아 사회에서는 어떤 사람들이 노예가 되는지 궁금하지 않을
수 없다.

> 유토피아인들이 노예로 삼는 전쟁 포로들은 오직 자기들이
> 직접 싸운 전쟁에서 붙잡은 자들뿐이다. 노예의 자식들이라
> 고 해서 노예로 삼지는 않고, 노예를 외국에서 사들이지도 않
> 는다. 그들은 자국 시민으로서 극악한 죄를 지어 노예가 된 자
> 들이거나, 외국인으로서 자기 나라에서 사형 선고를 받은 자
> 들인데, 후자가 그 대부분을 차지한다. 유토피아인들은 때때
> 로 노예를 싼값으로 사기도 하지만, 더 흔히는 (사형 선고를 받
> 은 외국인들에게) 노예가 되겠는가 물어보고서는 아무 값도 치
> 르지 않고 거저 그들을 노예로 삼아 자기 나라로 데려오고는
> 하는데, 이런 노예의 수가 상당히 많다. (…) 하지만 유토피아
> 인들은 외국인 노예보다 자국민 노예들을 더 심하게 다루는
> 데, 이들은 훌륭한 교육과 도덕 훈련을 받고서도 나쁜 짓을 자
> 제하지 못했기 때문에 더 무거운 처벌을 받아 마땅하다고 생
> 각하는 듯하다. 세 번째 종류의 노예들은 힘든 천역에 종사하
> 는 타국의 무일푼 가난뱅이로 유토피아에서의 노예 생활을 자
> 원하는 자들이다. 그들은 이런 사람들을 알뜰히 다루고 거의
> 시민이나 다름없이 친절하게 대접한다. (『유토피아』, 82~83쪽)

이처럼 유토피아에서는 우리의 소박한 기대와는 달리, 훌륭한 교육을 받았음에도 불구하고 극악한 죄를 지은 사람을 가차없이 처벌하여 노예로 만든다. 그렇지만 유토피아 사회에서는 우리가 살고 있는 시대처럼 수많은 법 조항들이 있는 것은 아니다. 덜 타락하고 덜 부도덕한 사회에서는 법 조항이 그렇게 많지 않다. 반면에 우리가 살고 있는 사회에는 셀 수 없이 많은 법 조항과 도덕 법칙들이 있다는 것은 누구나 안다. 그러나 원시 공동체 사회에서는 법이 많이 필요하지 않았다. 잘 알려져 있듯이 구약 성경에도 '십계명'이 있을 뿐이고, 우리나라 옛날 고조선에도 단순한 법인 '8조 금법'이 있었을 뿐이다. 또 고대 중국의 요순 임금 시대에도 최소한의 법률이 있었을 뿐이다. 흔히 중국의 요순 시대는 다스리는 사람이 누구인지 인식할 수 없을 정도로 태평했던 시대를 말한다. 크고 복잡하고 법률 조항이 많은 거대 강대국이 아닌 태평성대의 작은 나라가 이상향의 모델로 등장하는 것은 결코 우연이 아닐 것이다.

그들에게는 법률이 아주 조금밖에는 없다. 그 정도만 있어도 충분할 만큼 그들은 잘 훈련되어 있기 때문이다. 그들이 다른 나라들에서 보게 되는 큰 결점은, 그처럼 수많은 법률서와 주석서로도 아직 불충분하다는 사실이다. 그들은 법률의 종류

· Concept Word ·

8조 금법

고조선의 8조 금법을 살펴보자. (고조선에서는) 백성들에게 금하는 법 8조가 있었
다. 그것은 대개 사람을 죽인 자는 즉시 죽이고, 남에게 상처를 입힌 자는 곡식으
로 갚는다는 것이다. 도둑질한 자는 노비로 삼는다. 용서받고자 하는 자는 한 사
람마다 50만 전을 내야 한다. 비록 용서를 받아 보통 백성이 되어도 풍속에 역시
그들은 부끄러움을 씻지 못하여 혼인을 하고자 해도 짝을 구할 수 없다.(『한서』에
서 인용)

가 너무 많아서 다 읽을 수 없고, 너무 모호해서 아무도 이해
할 수 없는 법률 체계로 사람들을 얽매는 것은 전혀 옳지 못
하다고 생각한다. 그들은 사건을 조작하고 궤변을 일삼는 것
을 직업으로 삼는 무리들인 변호사를 한 명도 두고 있지 않
다. 각자가 자기의 주장을 진술하고 자기 변호사에게 했을 말
을 재판관에게 그대로 말하는 것이 제일 적합하다고 생각한
다.(『유토피아』, 87쪽)

우리는 주변에서 억울한 일을 당하고도 복잡한 법을 잘 모
르거나 비싼 변호사 수임료를 감당할 수 없어서 쩔쩔매는 경
우를 종종 본다. 복잡한 법 조항을 일일이 다 기억할 수 없을
뿐만 아니라 어려운 법조문을 해석하기조차 힘든 경우가 많기
때문이다. 반면에 유토피아의 법 체계는 국민들이 이해하기 쉬

울 뿐만 아니라 생활에서 적용할 때도 국민 중심적인 장점을 갖고 있다. 그래서 그들은 법을 다음과 같이 정의한다.

> 모든 법률은 사람들에게 각자의 의무를 일깨워주려는 한 가지 목적을 위해서 제정 공포된다. 이해하기 어려운 해석으로는 극소수의 사람밖에 일깨워주지 못한다. 단순 명료한 법률은 누구나 뜻을 알기 쉽지만, 복잡하고 까다로운 해석을 이해할 수 있는 사람은 극소수에 불과하기 때문이다. 분명치 않은 법률은 아무 쓸모가 없다. 단순한 사람들에게는 (사람들 대부분은 이런 단순한 사람들이며, 이들에게는 그들의 의무가 무엇인지 일러주어야만 한다) 음흉한 마음을 가진 사람들에 의한 끝없는 논의를 거친 뒤에야 해석이 가능한 그런 법률들보다는 차라리 법률이 전혀 없는 편이 더 낫다는 것이다. 일반 대중의 단순한 머리로는 그런 법률을 이해할 수 없으며, 설령 평생 동안 공부한다 해도 이해할 수 없을 것이다. 공부하는 동안에도 생계를 위해 일해야 하기 때문이다.(『유토피아』, 87~88쪽)

이처럼 유토피아의 법률 체계는 매우 간단하면서도 사람 중심으로 볼 수 있겠다. 이러한 유토피아의 법률 정신이 궁극적으로 나타내고자 하는 바는 무엇인가. 예를 들어 우리는 경찰관이 지켜보면 신호등을 잘 준수하지만, 사람이 좀 뜸하다 싶으면 신호등을 무시하고 마구잡이로 횡단보도를 건너고는 한다. 또 우리는 가끔 악의 없는 하얀 거짓말을 하면서도 아무런 양심의 가책을 느끼지 않는다. 그러다가 거짓말이 들통나면 다 재수 탓으로 돌리고는 한다. 그런데 이렇게 거짓말하는 습관이 몸에 배어버리면 우리의 양심도 잘 작동하지 않는다. 거짓말의 정도가 눈덩이처럼 불어나게 되더라도, 처벌만 받지 않는다면 그냥 눈감고 일을 저지르게 된다는 말이다. 이렇게 처벌이 두려워 어쩔 수 없이 법을 지키는 이러한 삶을 우리는 '타율적인 삶'이라고 할 수 있다. 자기 행동의 좌표와 기준이 내면의 양심에 있는 것이 아니라 바깥에 외형적으로 주어진 강제적인 법률에 맞춰져 있다는 말이다. 그에 비해 자기 행동을 자기 안의 심장 근처에 작동하고 있는 양심에 맡겨, 법적 제재와 강제가 없더라도 도덕적으로 훌륭하게 행동하는 삶을 우리는 '자율적인 삶'이라고 할 수 있다. 18세기 독일의 유명한 철학자 칸트는 이러한 자율적인 삶이 우리 인간에게 어떻게 가능한가를 탁월하게 연구한 사람이다. 우리는 이러한 자율적인 삶의 한 선례를 모어의 유토피아 법의 정신에서 간접적으로 가늠해볼 수 있지 않을까?

안락한 죽음과 도덕적 결혼을 권하는 사회

행복한 삶을 산다는 것은, 사는 동안 건강하고 즐겁게 사는 삶일 것이다. 현대사회가 추구하는 가장 이상적인 모델이 복지사회인 것 또한 행복한 삶을 보장해주기 위한 가장 바람직한 모형이기 때문이다. 놀랍게도 유토피아에서는 일찍이 복지사회에 대한 생각을 했다. '요람에서 무덤까지'라는 슬로건은 익히 들어봤을 것이다. 이는 '출생에서 사망에 이르기까지 모든 국민의 최저 생활을 국가가 완벽한 사회보장제도를 통해 보장함으로써 국민 생활의 불안을 해소하겠다는 것'으로, 요즘 선진국들이 앞다투어 채택하고 있는 사회보장제도의 핵심 개념이다. 이러한 복지사회가 가능하기 위한 가장 최소한의 조건 중 하나는 역시 의료보험제도이다. 우리나라에서도 다른 선진국 못지않게 의료보험제도가 잘 정착되어 있다. 유토피아에서는 현대 복지국가처럼 완벽한 사회보장제도가 정착된 것은 아니지만, 사회 공동 차원에서 환자를 극진히 돌보고, 환자의 건강을 회복시키는 약과 음식에 정성을 기울인다.

더 특기할 만한 일은 토머스 모어가, 현대 의학 용어로 말하면 일종의 '안락사'를 수용하고 있다는 점이다. 안락사는 현대 의학계에서도 매우 뜨거운 감자로 논쟁이 끊이지 않는 문

안락사 논쟁

서양 고대 그리스나 로마에서 기형아 등은 출생 시에 합법적으로 안락사시킬 수 있다고 했다. 중세에 기독교 사회로 전환되면서 안락사는 철저히 금지되었고 죄악시되었다. 하느님이 준 생명을 인간이 인위적으로 빼앗을 수는 없다는 생각 때문이다. 18세기 말쯤 되어서야 환자를 죽음의 고통으로부터 해방시켜야 한다는 적극적인 안락사에 대한 견해가 나타나기 시작한다. 20세기에 들어서는 안락사를 합법화시켜야 한다는 운동이 확대되고 있지만, 아직은 안락사를 불법으로 본다.

제이다. 그러나 시한부 인생 선고를 받은 중병의 환자가 마지막 인생의 길에서 참을 수 없는 고통으로 신음하고 있다면, 우리는 어떻게 판단해야 할까? 환자가 고통을 겪더라도 자연스럽게 죽음의 순간이 올 때까지 기다릴 것인가, 아니면 어차피 회복 불가능한 환자라면 환자의 고통을 조금이라도 덜어주기 위해 편안한 죽음을 맞이하도록 할까?

안락사의 어원을 살펴보면 안락사가 구체적으로 무엇을 의미하는지 잘 알 수 있다. 안락사는 그리스어 '유타나시아(Euthanasia)'에서 유래한 말로, 'eu'는 '좋다'를 뜻하는 것이고, 'thanasia'는 '죽음'을 뜻하며 'thanatos'에서 유래한 말이다. 타나토스(thanatos)는 사후 세계를 다스리는 '죽음의 신'을 가리킨다. 따라서 안락사란 좋고 편안한 죽음을 뜻한다.

모어의 『유토피아』에 나타나는 안락사에 대한 생각은 중세

기독교 사회의 엄격한 규율이 여전히 지배적인 것에 미루어볼 때 굉장히 파격적이라고 볼 수 있다. 모어 자신 역시 철저한 가톨릭 신자였고, 헨리 8세의 이혼을 비판할 만큼 보수주의적 성향을 보였음에도 안락사에서만큼은 상당히 진보적으로 생각했다. 그러면 『유토피아』에 나타난 안락사에 대한 생각이 어떤지 살펴보자.

불치의 병을 앓고 있는 사람들의 고통을 덜어주기 위해 할 수 있는 모든 일을 한다. 그리고 문병객들이 그들 곁에 앉아 함께 이야기해주면서 병자를 위로하는 데 최선을 다한다. 그러나 병이 고칠 수 없는 것일 뿐만 아니라 도저히 견디기 어려울 정도로 끊임없는 고통을 수반하는 것일 때는, 사제들과 공무원들이 찾아가 이제 그는 인생의 의무를 다할 수가 없고, 자기 자신과 남에게 짐이 되고 있으며, 사실 그가 살 만큼 살았다는 것을 넌지시 일깨워준다. 그들은 병자에게 그 몹쓸 병이 더 이상 그를 괴롭히지 못하게 하는 것이 좋으며, 이제 삶이 고문일 뿐이니 죽는 것을 주저 말고 무언가 좀 더 나은 것에 대한 희망에 의존하는 것이 어떠냐, 그리고 사는 것이 그를 몹시 괴롭히는 감옥과 다를 바 없는 바에야 스스로 그곳에서 빠져나오든가 그렇지 않으면 다른 사람으로 하여금 그곳

으로부터 자신을 구해내도록 하는 게 어떠냐고 말해준다. 이
것이 현명한 행동일 것이라고 그들은 말한다. 왜냐하면 그
에게는 죽음이 쾌락을 끝장내는 것이 아니라 괴로움을 끝
장내는 것이기 때문이다. 게다가 그것은 하느님의 뜻을 전
해주는 사제들의 충고를 따르는 것이 될 것이며, 그래서 그
것은 믿음이 깊고 성스러운 행동이 되리라는 것이다.(『유토피
아』, 83쪽)

　『유토피아』에 나타난 안락사에 대한 모어의 생각은 르네
상스 당시로서는 상당히 파격적인 것이다. 안락사 문제는 비
단 종교적인 차원에서만의 문제가 아니라 윤리적인 차원에서
도 많은 논쟁이 벌어지고 있다. 요즘 '생명 의료 윤리학' 분야
가 새롭게 부각되는 것도 이러한 맥락과 무관하지 않다. 생명
의 권리를 행사할 사람은 생명을 지닌 당사자이며, 질병의 고
통으로부터 벗어나기 위해 안락사시켜달라는 환자의 요구를
무시할 수 없다. 그렇다고 안락사를 무작정 다 허용할 수도 없
는 것이 현실이다. 안락사가 생명 윤리에 기본적으로 어긋나는
것인지 생명을 존중하는 생각인지 우리를 혼란스럽게 만드는
것 역시 사실이다.
　이제 무겁고 어두운 이야기에서 발랄하고 재미있는 주제로

생명 의료 윤리학

생명 의료 윤리학(biomedical ethics)은 응용 규범 윤리학의 한 분야로, 의료 행위나 생명 의료적 연구와 관련해 생기는 윤리적 문제를 해결하는 과제를 안고 있다. 생명 의료 윤리학에서 전형적으로 제기되는 물음들은 환자 개인 의료 기밀의 유출, 안락사, 대리모, 낙태 제한 등이 도덕적으로 정당한가이다. 생명 의료 윤리학이 철학 내에서 어엿한 한 분야로 성장한 것은 비교적 최근의 일이다. 이 분야의 연구 활동이 활발해진 이유는 현대 생명 의료 기술의 눈부신 발달, 의료 시술 환경의 복잡화 등을 들 수 있다.

옮겨가보자. 유토피아에서는 결혼 풍속이 어떠했을지, 결혼 적령기는 정해졌을지 자못 궁금하다. 또한 결혼의 기준은 엄격했을까, 아니면 진짜 유토피아의 꿈나라같이 자유 분방하고 파격적인 결혼이 이뤄졌을까?

여자는 열여덟 살이 되기 전에는 결혼하지 않으며, 남자도 스물두 살이 되기 전에는 결혼하지 않는다. 남몰래 하는 혼전 성교는 발각되어 확증되는 경우, 남녀 양쪽이 다 엄한 처벌을 받는다. 그리고 죄를 범한 쪽은 엄한 처벌을 받으며 통치자가 특별 사면으로 선고를 취소하지 않는 한, 평생 동안 결혼이 금지된다. 또한 그런 범죄가 일어난 집안의 부모는 그들의 임무를 소홀히 했다고 보아 사회적으로 망신을 당한다. 이런 죄를 그처럼 엄하게 처벌하는 까닭은, 사람들의 난잡한 성교 행위가 엄격히 규제되지 않는다면 애정이 담긴 결혼 생활——오직 한 사람의 배우자와 그에 따르는 모든 사소한 어려움을 함께 헤쳐나가야 하는 결혼 생활——을 하는 사람은 소수에 불과할 것이라고 생각하기 때문이다.(『유토피아』, 83~84쪽)

르네상스에서는 전형적인 일부일처제의 결혼 제도가 행해졌는데, 배우자 몰래 바람을 피우는 행위는 유토피아에서는 절대로 용인되지 않았다. 그러나 실제로 현실에서는 많은 사람들이 결혼 생활에 충실하지 않고 부정 행위를 자주 저질렀다. 모어는 이러한 이중적이고 부도덕한 결혼 생활을 많이 목격했던 모양이다. 앞에서 보았듯이 유토피아에서 제시한 모어의 결혼관은 굉장히 원칙주의적이고 엄격한 것이라고 볼 수 있겠다.

그러면 유토피아에서는 상대를 어떻게 선택했을까? 지금처럼 자유 연애를 했을까, 아니면 중매쟁이가 있었을까? 이러한 내용은 자세히 나오지 않지만 배우자 상견례에서 매우 재미있는 광경이 나온다. 유토피아의 결혼 풍속은 지금 눈으로 볼 때는 다소 우스꽝스러운 면이 있지 않을까 싶다.

그들은 배우자를 선택할 때 우리 눈에는 어리석고 우스꽝스럽기 짝이 없어 보이는 관습을 엄숙하고 진지하게 지킨다. 과부이든 처녀이든 간에 여자는 분별 있고 존경할 만한 부인에 의해 알몸으로 구혼자에게 선보인다. 이와 마찬가지로 인품이 훌륭한 남자 한 분이 구혼자를 알몸으로 여자에게 선보인다. 우리는 이런 관습을 비웃고 또 어리석은 짓이라 했었다.(『유토피아』, 84쪽)

이렇게 결혼 전에 상대방에게 알몸을 보이는 것은 조금은 웃기고 창피스러울 수도 있겠지만, 유토피아에서 이렇게 하는 진짜 이유는 보다 이상적이고 완전한 결혼을 위해서이다. 결혼에서는 정신적인 성품만 중요한 것이 아니라 육체적인 측면도 중요하다는 것을 주목한 것이다. 그러면 유토피아에서는 이혼이 허용될까? 유토피아에서 이혼이 허용되는 경우는 매우 드물다. 간통이나 도저히 용서할 수 없는 악행이 있을 때 이혼이 허용된다. 이런 이혼에서 피해 당사자인 남편이나 아내는 원로원의 인가를 받아 새 배우자를 선택할 수 있다. 잘못을 저지른 쪽은 수치에서 벗어날 수 없으며 영구적으로 재혼이 금지된다. 매우 엄격한 결혼 제도와 이혼 제도로 여겨지며, 지금 기준으로 보면 숨이 턱 막힐 정도다. 그러나 다음 대목을 보면, 이혼 제도에서 조금 느슨한 면도 있음을 보게 된다.

때로는 부부간에 서로 성격이 맞지 않아 양쪽이 다 이 사람과
는 좀 더 사이좋게 살아갈 것 같다고 기대되는 사람을 찾아내
는 일도 있다. 그때는 원로원의 승인을 받은 뒤에 상호 간에
합의에 의해 이혼하고 새로 혼인을 맺을 수 있다. 그러나 이
런 이혼은 원로원 의원들과 그 부인들이 사안을 신중하게 조
사한 후에야 허락이 된다. 이혼하는 것은 의도적으로 어렵게
규정되어 있다. 부부 각자가 새로 결혼하는 길을 쉽게 택할 수
있다는 생각을 품고 있으면, 부부간의 사랑이 단단해지기 어
렵다는 것을 그들은 알고 있기 때문이다.(『유토피아』, 85쪽)

생각보다 느슨하지는 않아 보일 수 있다. 유토피아에서는
결혼과 이혼을 다 신중하고 엄격하게 하기를 권장하고 있다.
여기서 잠시 이왕 결혼 이야기가 나왔으니, 당시 결혼 제도에
대해 한번 평가해보면 어떨까? 우리가 살펴보았던 대로 유토
피아에서의 결혼 제도는 일부일처제이다. 이 일부일처제는 인
류 처음부터 있어왔던 제도일까? 분명 그렇지 않다. 19세기의
유명한 철학자인 엥겔스(Friedrich Engels, 1820~1895)가 지은 『가
족, 사유재산, 국가의 기원』이라는 책을 보면, 인류 초기 즉 원
시 시대에 결혼은 군혼 즉 집단혼의 형태를 띠었다고 한다. 말
하자면 한 남자가 한 여자와 결혼하는 일부일처제는 처음에는

가부장제

마르크스의 평생 동지였던 엥겔스는 『가족, 사유재산, 국가의 기원』에서 가부장
제의 유래를 밝히면서, 가족과 결혼이 역사의 추이를 통해 변화해왔음을 밝혔다.
인류의 선사 시대에는 집단혼이었으며, 모권제를 유지하다가 가부장제가 출현한
이후 부권제로 바뀌었다고 한다. 이 사건을 엥겔스는 '모권의 세계사적 패배'로 칭
했으며, 이때부터 일부일처제가 정착되기 시작한다. 일부일처제가 인류 처음부
터 정착된 결혼 제도가 아니라 역사적인 과정을 거쳐 정착된 제도임을 보이고자
한 것이다.

존재하지 않았다. 결혼 형태가 몇 번 바뀌다가 철기 시대에 이
르러 비로소 일부일처제가 자리잡기 시작했다. 그리고 이때부
터 아버지, 남편, 남성이 중심이 되는 가부장제도 확고하게 기
반을 잡아가기 시작했다. 그렇다면 가부장제도 처음부터 있어
온 것이 아니라는 것을 짐작할 수 있을 것이다. 인류 초기는 어
머니 혈통을 잇는 모계제 사회였다. 그러다 사유재산이 점차
늘어나고 일부일처제가 확립되면서, 힘센 남성들이 자기 재산
을 자식에게 물려주기 위해 가부장제를 정착시키기 시작했다.
이때부터 여성은 남성에게 지배당하기 시작했고 그 역사가 지
금까지 계속된 것이다. 그래서 가부장제 이후 역사를 보면 여
성은 늘 남성에 비해 부당한 대우와 차별을 받아왔다. 결혼과
상속 등에서도 마찬가지라 할 수 있다. 그에 비하면 유토피아

페미니즘

페미니즘(Feminism, 여성주의)은 역사 속에서 여성이 억압받고 차별받아왔으며, 이러한 억압과 차별을 부당하다고 여겨 이를 교정하려는 운동을 말한다. 서구 페미니즘의 역사는 1세대, 2세대, 3세대 페미니즘으로 구별해볼 수 있다. 1세대 페미니즘은 여성의 열등함을 수정하기 위해 남성과 여성의 위치를 '동등'하게 하려는 운동이다. 2세대 페미니즘은 남성과 여성 간의 '차이'에 주목하여, 여성의 우월한 측면을 드러내 보이고자 하는 운동이다. 3세대 페미니즘은 여성들 간의 다양한 차이에 주목하여 다양성과 다름의 스펙트럼을 드러내 보이고자 하는 운동이다.

의 결혼 제도에서는 남성과 여성이 상당히 평등하게 대접받는 것을 알 수 있다. 물론 모어가 페미니즘(여성주의)의 생각을 갖고 있었을 것 같지는 않지만, 대체로 모어의 여러 생각들이 상당히 진보적이고 열려 있는 것을 볼 때, 남녀평등에 대해서도 당대 다른 사람들보다 훨씬 탁월한 견해를 갖고 있었던 것은 의심할 여지가 없다.

평화를 위한 전쟁

전쟁을 혐오하고 평화를 사랑하는 사회

인류 역사가 시작된 이래 전쟁은 끊이지 않았다. 우리가 살고 있는 21세기에도 지구촌 어디선가 여전히 전쟁이 일어나고 있지 않은가. 많은 사람들이 다치고 죽고 건물이 파괴되고 사람들의 마음까지 황폐해지는 전쟁은 왜 일어나는 것일까? 흔히 사람들은 평화를 위해 전쟁을 한다고 자주 말하고는 하는데, 정말 그럴까? 우리가 살펴보고 있는 유토피아는 어떤가. 이 나라는 전쟁을 행하지 않을까? 유토피아가 전쟁을 원하지 않더라도 주변 다른 나라에서 침략해온다면 어떻게 할까?

당시 유럽의 15, 16세기는 중세의 영주를 중심으로 한 봉건제가 무너지고, 군주를 중심으로 한 근대 국가가 막 들어서는 중이었다. 유럽의 여러 나라들은 밖으로는 지리상의 발견이 한창 이루어지던 때라 다른 새로운 땅을 찾기 바빴고, 안으로는 왕권 강화를 위해 서로 땅을 빼앗고 빼앗기는 국가 간의 전쟁이 끊이지 않았다. 이런 가운데 군주들은 자신의 국가를 지키기 위해 이웃 나라와 국가 간의 조약을 맺었다. 그러나 모어가 보기에 이러한 국가 간의 조약은 거의 명목상일 뿐이며, 제대로 지켜지지 않고 있었다.

다른 나라들은 서로 조약을 맺고 파기하고 갱신하기를 끊임없이 계속하고 있지만, 유토피아인들은 어느 나라와도 조약을 맺지 않는다. 유토피아인들은 만일 자연이 인간을 같은 동료 인간과 적절하게 맺어주지 않는다면, 조약이 무슨 소용이 있겠느냐고 말한다. 자연 자체를 무시하는 사람이 말 같은 것을 중시하리라 생각할 수 있을까? 그들이 이런 견해를 굳히게 된 것은, 그 지역 세계에서는 군주들 사이의 조약과 동맹이 일반적으로 성실히 준수되지 않고 있다는 사실에 기인한다.(『유토피아』, 89쪽)

유토피아인들이 결코 조약을 신뢰하지 않는다고 모어가 강하게 이야기하는 이유는, 당시 유럽 사회의 타락한 정치 풍조를 개탄했기 때문이다. 한 실례로 당시 교황으로 있었던 율리우스 2세는 프랑스와 연합해 베네치아를 항복시켰다가 나중에는 전세가 달라지자 베네치아 편을 들었다. 조약의 신의를 전혀 지키지 않은 율리우스 2세의 부도덕성을 모어는 체험했던 것이다. 따라서 유토피아인들은 조약을 전혀 신뢰하지 않을 뿐만 아니라, 설사 조약이 성실하게 지켜진다고 해도 근본적으로는 조약에 반대한다. 조약이 상대방과의 우의를 증진시키지 않을 뿐만 아니라, 조약을 맺지 않을 경우 언제든지 상대방을 적으로 간주해 해칠 수 있다는 것을 의미하기 때문이다.

　따라서 유토피아 사람들은 근본적으로 전쟁에 반대한다. 전쟁이란 결국 왕, 군주, 교황 등 권력자들의 권력 다툼에 불과한 것이기 때문이다. 따라서 유토피아인들은 다른 나라로부터 침략당할 경우 유토피아를 방어하기 위해서만 전쟁에 응한다. 혹은 침략 행위에 대한 보복 전쟁에서 '우방국'에 원병을 제공하기도 한다. 그러나 실상 유토피아 사람들은 전쟁에서의 승리를 수치로 여긴다. 이들은 재치와 그럴싸한 꾀로 적을 굴복시킬 때 크게 기뻐하고 국가적 승리를 축하할 뿐이다. 유토피아 사람들이 전쟁에 대해서는 전반적으로 부정적이고 소극적인

종교전쟁

종교전쟁이란 종교와 관련해 일어난 모든 전쟁을 가리키지만 유럽 근대 시대를 특정해서 16세기 후반부터 17세기 후반까지 기독교의 가톨릭 세력과 프로테스탄트 세력 간의 대립과 갈등이 나라 간 전쟁으로 발전하고 확산하는 경우를 말한다. 예를 들면 종교개혁 이후 신파와 구파의 갈등이 격화되면서 정치적 분쟁까지 확산된 프랑스의 위그노 전쟁, 17세기 최초의 근대적 영토 전쟁으로 불리는 30년전쟁 등을 들 수 있다. 이 전쟁들은 대부분 종교적 원인으로 시작되었지만 열강들의 정치적 야심으로 더욱 확대되었다.

태도, 방어적인 자세를 갖고 있다고 볼 수 있다.

평화를 위한다는 명목하에 이제껏 많은 전쟁이 일어났는데, 전쟁에서 희생당한 사람들 대부분은 힘없는 평범한 국민들이었다. 국민들의 생명을 담보로 해서 전쟁을 통해 권력을 거머쥐려는 통치자들의 태도 역시 비판받아야 할 것이다. 여기서 우리가 잠깐 생각해보고 지나가야 할 중요한 쟁점이 있다. '평화를 위한 전쟁은 정당한가?'라는 질문을 한번 생각해보자. 최근까지 지구상 어디에선가는 전쟁이 끊이지 않고 있다. 이러한 복잡한 국제 정세는 우리의 평화에 대한 판단을 어렵고 혼란스럽게 만든다. 사람들이 원하는 것은 진정한 평화인데, 전쟁의 참상이 수시로 언론에 보도되고 전쟁의 공포가 우리 주변을 맴돌고 있다. 제2차 세계대전 때 『안네의 일기』

를 통해 우리는 유대인 소녀의 눈으로 전쟁의 공포와 인간성 상실을 간접 경험했던 적이 있다. 이유야 어찌 됐든 간에 전쟁은 21세기 인류가 제일 먼저 버려야 할 악 중의 하나가 아닐까 싶다. 우리는 모어의 유토피아에서 간접적으로 전쟁 억제론을 읽을 수 있는데, 시간이 지날수록 점점 더 빈번해지고 잔혹해져가는 현대 전쟁의 참상을 모어가 보았다면 어떤 이야기를 했을까?

평화를 위해 전투를 준비하는 사회

한국의 남자들이 특별한 신체적 결함이나 사유가 없으면 군대에 갔다 와야 하는 것은 다 아는 사실이다. 남성들은 신성한 국방의 의무를 다해야 한다는 것이다. "여자들은 좋겠다. 군대 가지 않아도 되니…… 남자만 군대 가는 것은 남녀평등에 어긋나는 것 아니야?" 이렇게 투덜대는 남자들을 주변에서 보는 것은 어렵지 않다. 맞는 말이기는 한데, 군대 문제를 둘러싼 논쟁은 더 근원적인 데에서 찾는 것이 필요하지 않을까? 무슨 말인가 하면, 지구상에 아예 전쟁이 없다면 군대도 없을 것이고, 그래서 오직 남자라는 이유 하나만으로 무조건 군대에 끌

려가야 할 이유가 없을 테니 말이다. 지구상에 전쟁이 완전히 없어진다는 것, 상상할 수 있는 일일까? 정말 꿈같은 이야기지만, 불가능한 이야기도 아닌데, 여전히 지구상 어디에선가는 전쟁이 일어나고 있는 것이 현실이다. 우리가 꿈꾸고 있는 유토피아에서도 이 문제에 대해서만큼은 시원한 답을 주지 못하고 있는 듯이 보인다. 다만 유토피아에서는 자국민들을 보호하기 위해 전쟁터에 용병을 고용한다. 국방의 의무가 익숙한 우리나라 사람들에게 용병은 낯선 개념이다.

용병(mercenary)은 우리나라 군인들처럼 국방의 의무로 군대에 복무하는 사람들이 아니라, 돈으로 고용된 군인들을 말한다. 우리나라에 머물고 있는 미군도 일종의 '용병'인 셈이다. 이 용병 제도는 역사가 매우 오래되었다. 고대 그리스나 고대 로마에서 돈을 주고 병사를 고용한 것이 용병의 시발점이라 할 수 있다. 이러한 전통은 서양 중세 시대에도 있었고, 모어가 살았던 15, 16세기에도 용병 제도는 활발하게 활용되었다. 모어가 유토피아 사람들을 보호하기 위해 자국민이 아닌, 다른 나라의 용병을 고용하자고 생각한 것도 이러한 배경의 연장선상에 있다고 하겠다. 그러나 용병 제도는 예전이나 지금이나 논란의 여지가 많은 문제이다. 아무리 돈으로 고용된 병사들일지라도 용병은 군인 이전에 존엄한 생명을 지닌 한 인간이기 때문이다. 그러나 돈으로 목숨값을 사서 고용한 군인이라는 이유로 용병의 생명은 경시되는 것이 일반적이다. 이러한 관행은 유토피아에서도 크게 다르지 않다. 유토피아에 서술된 용병에 대한 이야기는 그래서 여전히 논란거리로 남고, 모어도 이 대목에서는 많은 비판을 받는 것이 사실이다. 유토피아에서는 용병을 '자폴레타에(Zapoletae)'라는 곳으로부터 데려와 고용한다.

> 이 자폴레타에 사람들은 유토피아의 동쪽 500마일 지점에 살고 있는데, 거칠고 야만스럽고 사나운 사람들이다. 그들은 자신들이 자란 삼림과 산악들처럼 거세고 험준한 지형의 나라를 좋아한다. (…) 그들 대부분은 사냥과 도둑질로 목숨을 지탱하고 있다. 그들은 싸움을 위해 태어났으며, 싸울 수 있는 모든 기회를 찾아나선다. 그래서 그런 기회를 찾게 되면 이를 포착하여 결코 놓치지 않는다. 그들은 큰 떼를 지어 자기 나라를 떠나서는, 전사를 필요로 하는 사람이면 누구에게나 싼값으로 일하겠다고 나선다. 그들이 생계를 유지해 나갈 수 있는 유일한 기술은 죽음을 추구하는 기술이다.(『유토피아』, 93쪽)

자폴레타에 사람들에 대한 서술은 약간 섬뜩해 보이기도

한다. 그들은 인간답지 못한, 돈을 위해서라면 다른 사람 목숨 정도는 전혀 고려하지 않는 야만인들처럼 그려진다. 그들은 유토피아 사람들에게 인간 대접을 받지 못한다.

> 얼마나 많은 자폴레타에 사람들이 죽든 유토피아인들은 전혀 개의치 않는다. 지구상에서 그런 못되고 역겨운 종족의 찌꺼기들을 모두 쓸어버릴 수 있다면, 그것은 인류를 위해 아주 유익한 일일 것이라고 생각하기 때문이다.(『유토피아』, 94쪽)

이처럼 유토피아에서 서술된 대목은 우리를 혼란스럽게 한다. 유토피아인들을 절대 희생시키지 않으려고 자폴레타의 용병을 고용하면서, 이들의 목숨을 매우 하찮게 생각하는 태도는 유토피아 사람들만이 선택받았다는 일종의 선민 사상과도 같아 보이기 때문이다. 물론 모어는 15, 16세기의 인물이고, 이때는 만민 평등 사상이 다져진 시기도 아니기 때문에, 모어에게 절대 평등 사상을 기대하기는 어렵다. 그러나 자국민의 인권은 소중히 생각하면서 다른 나라 국민의 목숨을 무시하는 태도는 비판받아 마땅하지 않을까 싶다. 요즘 국제 질서에서 강대국들이 자국민의 목숨은 존중하면서 약소국 국민들의 생명은 하찮게 생각하는 풍조에 대해서도 다시 한번 신중하게 검토해봐야

할 것이다. 결국 지구상에서 전쟁이 사라지고 모든 사람들의
목숨이 소중하게 존중되는 사회가 온다면 그런 사회가 진정한
유토피아가 아닐까.

종교의 자유와 공익이 보장되는 나라

종교의 자유가 보장되는 공동사회

현대사회에서는 누구나 자유롭게 종교를 선택할 수 있으며 우리나라에도 종교의 자유가 있다. 그러나 종교의 자유가 처음부터 자유롭게 주어진 것은 아니라는 점을 알 필요가 있다. 우리나라에서는 역사적으로 왕조에 따라 국교가 정해졌고 그 이외의 다른 종교는 금지했다. 고대 그리스, 로마 사회에서는 여러 종교가 있었고, 특별히 금지하는 종교는 없었으며 일종의 다신교 사회였다. 그러다 로마 사회에서 탄압받으며 성장한 기

영혼 불멸

서양 그리스에서 영혼 불멸설을 가장 먼저 주장한 학파는 피타고라스학파이다. 그리스에서는 영혼(psyche, soul)과 육체(soma, body)를 서로 구별된 것으로 파악했다. 영혼 불멸이라는 뜻은 우리 눈에 보이는 육체가 비록 사망할지라도, 영혼은 육체로부터 분리되어 영원히 존재할 것이라는 뜻이다. 플라톤 역시 이러한 영혼 불멸설을 수용하여, 영혼은 이데아로서 원래 이데아계에 선재하는데, 우리가 사는 세상인 현상계에서 잠시 육체와 영혼이 결합하다가 육체의 사망 후에 영혼이 이데아계로 돌아간다고 설명했다.

독교가 중세 사회에서는 국교로 정해져 기독교 이외의 다른 종교는 이단으로 금지되었다. 모어가 살았던 근대 초기에도 이러한 분위기는 별반 바뀌지 않았다. 루터가 주도한 종교개혁 역시 기독교를 제대로 믿어야 한다는 것이었다. 여전히 기독교는 서양 사람들의 마음 중심에 자리잡고 있었다.

그러나 힘과 권력이 모이게 되면 썩게 마련이라는 말처럼, 서양 사회에서 기독교가 유일한 종교가 되면서 교회는 차츰 부패하기 시작했다. 또 기독교 내에서도 서로가 정통이다, 이단이다 하면서 소모적인 종교 논쟁이 끊이지 않았고, 심지어는 종교전쟁으로까지 번지기도 했다. 전 세계적으로 주목받았던 베스트셀러 소설인 『다빈치 코드』에서도 권위적인 로마 가톨릭의 단면이 드라마틱하게 묘사되었다. 여기서 작가 댄 브라운은 로마 가톨릭이 정통 교리를 수호한다는 명목하에 영리한 여성들을 마녀 재판으로 핍박해왔으며, 예수가 막달레나와의 사이에 자식까지 두었다는 인간적인 측면을 발굴해 극적인 추리 구성으로 그려낸다. 이 소설 출간 후에 엄청난 논쟁과 신랄한 비판이 따랐다는 것은 충분히 짐작할 수 있다. 이처럼 서양에서 기독교의 위력은 대단한 것이었다. 그에 비하면 모어는 『유토피아』에서 다양한 종교를 인정하고 있다.

> 섬 전체 안에서뿐만 아니라 개별 도시들 안에서도 갖가지 형태의 종교가 있다. 해를 신으로 예배하는 사람, 달을 예배하는 사람이 있는가 하면, 별을 예배하는 사람들까지도 있다. 특출한 덕과 명망을 지녔던 과거의 위인을 숭배하는 사람들도 있는데, 그들은 이런 위인을 그냥 한 분의 신으로만 모시는 것이 아니라 최고신으로 모시는 것이다.(『유토피아』, 98쪽)

물론 유토피아의 종교에 관한 문제에서 모어가 전적으로 여러 종교를 인정해야 한다고 강하게 주장하는 것은 아니다. 모어 자신이 독실한 가톨릭 신자이기 때문에, 이단을 믿던 사람들이 가톨릭으로 개종하는 것을 매우 기뻐한다. 그렇다고 그는 전적으로 가톨릭만을 믿어야 한다고 강요하지는 않는다. 종교의 자유를 법적으로 보호하고, 다른 종교에 대해 관용적인 태도를 취할 것을 권유하며 타 종교에 대해 비방하는 것을 금하고 있다.

종교에 관해 생각해보았으니, 자연스럽게 이와 연관된 문제가 떠오른다. 왜 인간은 종교를 갖게 될까? 과학기술의 위력을 획득한 만물의 영장인 위대한 인간은 그럼에도 왜 나약한 모습을 보이며, 절대 존재인 신을 찾게 될까? 이에 대한 가장 적절한 답은 인간은 영원히 사는 존재가 아니며, 누구나 죽음을 피할 수 없는 유한한 존재라는 것이다. 인간이 갖는 공포 중에 가장 감당하기 어려운 것은 죽음에 대한 공포일 것이다. 아무리 권력이 많고, 엄청난 재산을 소유하고, 학식이 출중한 사람도 죽음을 피해갈 수는 없다. 그뿐만 아니라 자기가 가장 소중하게 생각하는 사람이 죽었을 때의 슬픔은 정말 감당하기 어렵다. 왜 그럴까? 그것은 그 사람을 만날 수 없기 때문이며, 그 사람과 영원히 이별해야 하기 때문이다. 사람은 죽음과 동시에 그 영혼도 사라질까? 죽음과 동시에 영혼도 사라져버리는 것일까 아니면 영혼만큼은 불멸하는 것일까?

영혼 불멸과 죽음의 문제는 인류가 오래전부터 고민하고 생각해온 문제이다. 그리스에서는 대체로 영혼은 불멸한다고 생각했다. 우리가 잘 아는 철학자 플라톤도 원래 인간이 불멸의 세계인 신들의 세계에 함께 살았으나, 죄를 지어서 망각의 강인 레테의 강을 건너면서 불멸의 세계를 완전히 잊어버리고 육체라는 감옥에 갇히게 되었다고 생각한다. 그래서 죽음이란 육체의 감옥으로부터 영혼이 벗어나는 것이기 때문에 그렇게 슬퍼할 일이 아니라고 생각했다. 이는 그의 스승인 소크라테스가 아테네 원로원에서 독배의 사형 선고를 받아 제자들이 슬퍼했을 때, 소크라테스가 플라톤에게 해준 말이기도 하다. 이를 '영혼 불멸설'이라고도 한다. 유토피아 사람들도 영혼의 존재를 믿기 때문에 죽음을 슬퍼할 일로 보려 하지 않는다. 죽음을 즐거운 마음으로 맞을 것을 권유하며, 고인을 보내는 사람들 역시 즐겁고 희망찬 마음으로 고인을 추모할 것을 권유한다. 유토피아 사람들은 거의 모두가 사후에 인간이 누릴 행복은 엄청나게 클 것이라고 생각하기 때문이다. 이렇게 생각해보면 우리가 사는 동안 너무 아등바등 산다든가 욕심을 낸다거나 타인을 비방하고 악행을 저지를 필요가 있을까. 다만 최선을 다해 살고 자기 묘비명에 무엇을 새길 수 있을지만 소박하게 생각하면 되지 않을까 싶다.

죽음에 대해 경건한 태도를 가지면 살아가는 방식도 크게 바뀌게 된다. 우리는 매우 어려운 일을 경험하거나 감당하기 힘든 충격을 받으면 우울증에 빠질 수도 있지만, 한편으로는 삶을 겸허하게 꾸려가야겠다는 교훈도 얻게 되지 않는가. 유토피아 사람들의 죽음에 대한 생각이 이처럼 경건해서인지 그들의 일상 생활 역시 검소하고 근면하다. 또 타인을 위해 봉사하는 삶을 사는데, 이러한 삶의 태도를 견지하기란 결코 쉽지 않다. 이러한 일이 가능한 것은 유토피아 사람들이 어떤 종교를 갖든 간에 신앙심이 깊은 생활을 하기 때문이 아닌가 싶다. 그래서 유토피아 사람들은 종교를 주재하는 사제들에게 마음에서 우러나오는 깊은 존경심을 갖고 있다. 우리 주변에 가끔 종교인들이 이중적인 태도로 믿을 수 없는 악행을 저지르는 것을 보게 된다. 이러한 일이 벌어지지 않도록 유토피아 사람들은 사제들을 시민 전체가 직접 선출하는 검증 절차를 거친다. 또 흥미롭게도 유토피아에서는 남성뿐만 아니라 여성도 사제가 될 수 있다. 남녀 평등 사상이 보편화된 현대사회에서도 아직까지는 여자가 사제가 되는 일은 쉽지 않은데 말이다. 로마 교황청에서 아직까지 여성 사제를 허락하지 않고 있기 때문이다. 이렇게 본다면 모어의 『유토피아』에 나타난 사상은 여러 면에서 진보적이고 파격적인 면이 많다.

이제 마지막으로 유토피아 사람들의 종교 의식을 보기로 하자. 유토피아에서는 여러 종교가 허용되지만, 종교 의식은 대부분 기독교와 비슷하다. 모어가 독실한 가톨릭 신자이기도

하고, 그가 경험한 예배 의식에 의존해 유토피아의 종교 의식을 묘사했을 가능성이 높기 때문이다. 유토피아 사람들은 매달 첫날과 마지막 날, 그리고 매해 첫날과 마지막 날을 축제일로 정한다. 다양한 종교를 가진 사람들은 교회에 모여 공동으로 예배를 드린다. 다만 유토피아의 예배 의식이 기독교와 다른 것은 어떤 신상도 세워놓지 않고 각자 자유롭게 자기 신앙에 따라 예배를 본다. 유토피아 사람들은 신을 미트라스(mythras)라고 부르는데 이는 신의 고유 명사가 아니라 절대적 존재인 신을 지칭하는 일반 명사에 불과하다. 각자 자기가 숭배하는 신을 마음속에 그리며 사제의 인도에 따라 자유롭고 경건하게 예배를 보는 유토피아 사람들의 모습을 여러분이 본다면, 매우 평온한 느낌을 가질 것이다. 이러한 예배 의식은 유토피아 사람들을 한 공동체, 울타리로 묶어주는 중요한 역할을 하고 있음에 분명하다. 아마 이기주의, 개인주의가 판을 치는 현대사회에서 역시 종교의 역할을 무시할 수 없는 이유는 공동체에 대해 생각할 기회를 마련해주기 때문이 아닌가 싶다.

공익을 추구하는 정의로운 사회

기나긴 유토피아 탐험의 여정도 마지막에 다다른 듯하다. 마지막에 모어가 말하려고 한 문제는 무엇일까? 그는 '정의로운 사회는 어떤 사회인가?'라는 매우 중요하고도 심각한 질문을 던지고 있다. 말하자면 지금까지 살펴본 유토피아 사회란 어떤 사회인가 하는 것을 총정리하면서 유토피아의 성격을 규정지으려고 한다. 이 질문에 답하기 위해 그는 유토피아와 다른 나라의 경우를 비교한다.

> 내 생각으로는 이 나라야말로 최상의 나라일 뿐만 아니라, 참으로 '공화국(republic)'이라는 이름을 주장할 수 있는 유일한 나라이다. 다른 곳에서는 사람들이 항상 '공화국'을 말하지만 그들이 생각하는 것은 그들 자신의 행복에 불과하다. 이곳에서는 사사로운 일이 전혀 없기 때문에 모두가 공공의 일을 열심히 해나간다. 그런데 이 나라에서나 다른 나라에서나 양쪽 다 사람들이 그런 태도를 취하는 것은 충분히 그럴 법한 일이다. 다른 곳에서는 설령 나라가 번성한다 하더라도, 각자가 자신을 위하여 별도의 준비를 해놓지 않고서는 영락없이 굶어 죽게 마련이라는 것을 모르는 사람은 아무도 없을 정도이기

때문이다. 이 같은 절실한 필요성 때문에 각 개인은 국민 즉 다른 사람들의 이익보다는 자기 자신의 이익을 추구할 수밖에 없다고 생각하게 된다. 그러나 모든 것이 모든 사람의 소유인 이곳에서는 공동의 창고가 가득 차 있는 한, 아무도 자기가 사용할 물건이 모자라지나 않을까 염려할 필요가 없다. 분배되는 물품양이 넉넉하기 때문이다. 그곳에는 거지가 없으며, 아무도 무엇하나 가진 것은 없지만 누구나 다 부유하다.(『유토피아』, 109~110쪽)

이러한 서술에서 보듯이, 유토피아에서는 특정한 계급, 예를 들면 귀족, 금세공업자나 고리대금업자 등이 아무 일도 하지 않으면서 호화로운 생활을 할 수 없다. 또 당시 현실에서 흔히 보이듯이 노동자, 마부, 목수, 농부 등이 엄청나게 고된 노동에 시달리는 일이 유토피아에서는 벌어지지 않도록 안전장치를 마련한다. 말하자면 당시 사회제도는 부자들이 자기들의 이익을 증진시키기 위한 법에 지나지 않는다는 것을 모어는 비판하고 있다. 예전에 우리 사회에서는 한때 '유전무죄, 무전유죄'라는 말이 유행한 적이 있었다. 같은 죄를 지었어도 돈과 권력이 있는 사람은 죄가 되지 않고, 가난하고 배경 없는 사람은 죄가 된다는, 우리 사회의 모순을 단적으로 꼬집는 말이다.

모어는 정의로운 사회를 방해하는 또 하나의 중요한 요인으로 사람들 마음속의 '오만'이라는 악덕을 지적한다. 오만은 가난한 사람을 괴롭히고 다른 사람의 불행을 은근히 즐기는 지옥의 뱀과 같은 존재로 비유된다. 각자 자기 마음속에 있는 욕심과 오만의 씨앗을 감지해볼 수 있을까? 이러한 오만과 정치적 분쟁들을 유토피아 사람들은 근원적으로 제거했기 때문에 정말 유토피아일 수 있다고 모어는 생각했다. 이상의 이야기는 물론 모어의 말이 아니라, 모어에게 이야기를 해준 라파엘의 유토피아 탐험기다. 그러나 실상 이 내용은 모어가 라파엘의 입을 빌려 말하고 싶었던 것이 분명하다.

지금까지 우리는 모어의 『유토피아』를 찬찬히 읽어보았다. 그렇다면 모어의 『유토피아』와 생각이 비슷한 책들이 있을까? 어떤 사상가들이 어떤 책을 통해 유토피아 사상을 구상하고 피력했을까? 다음 장에서는 모어의 『유토피아』와 같이 읽으면 도움이 될 여섯 권의 대표적인 책들을 소개하고자 한다. 물론 이 책들만이 유토피아 사상을 담고 있는 것은 아니지만, 이 책들을 함께 읽으면서 모어의 유토피아 사상의 현주소와 이정표를 짚어보기를 제안한다.

3장

철학의 이정표

『국가 · 政體』
플라톤, 서광사, 2005

첫 번째 이정표

유토피아는 우리가 바랄 수 있는 가장 이상적인 나라 즉 '이상 국가'일 것이다. 이러한 이상 국가의 전형을 제시한 작품이 플라톤의 『국가』이다. 플라톤은 그리스의 철인 소크라테스의 제자이다. 소크라테스가 청년들을 타락시킨 죄목으로 아테네의 원로원으로부터 사형 선고를 받아 독배를 든 사건 이후, 플라톤은 현실 정치에 환멸을 느끼고 철학에 일생을 바치기로 마음먹었다. 플라톤이 보기에 스승을 독살한 아테네야말로 가장 타락한 현실이었다. 이에 대한 반동으로 플라톤은 '가장 정의롭고 행복한 국가란 무엇인가'라는 물음에 직면했다. 이 물음에 대한 대답이 『국가』인 셈이다.

플라톤의 『국가』는 해외에서의 오랜 편력 생활을 끝내고 아테네로 돌아와 보낸 아카데미아 시대의 중기에 쓰였다. 『국

통치자, 수호자, 생산자

플라톤의 『국가』에서 소크라테스는 국가를 수립하는 목적이 어느 한 집단을 행복하게 만드는 게 아니라 국가 전체를 최대한 행복하게 만드는 데 있으며, 이런 국가가 정의로운 국가임을 말한다. 정의로운 국가 건설에 필요한 세 가지 덕목은 지혜, 용기, 절제이며, 각각 통치자, 수호자, 생산자에 해당한다. 개인의 차원에서 보면 이성(머리), 격정(가슴), 욕구(배) 등 세 부분이 이성의 통제에 따라 조화를 이룰 때 올바른 사람이 됨을 강조했다.

가』의 출발점은 '정의란 무엇인가'이다. 플라톤이 구상하고 있는 '이상 국가'의 기준이 무엇보다도 정의로운 나라에 있다는 점을 암시하는 것이다. 이어서 플라톤은 이상적인 국가를 건설하는 데 필요한 계급을 통치자, 수호자, 생산자로 나눈다. 통치자는 국가를 다스리는 사람, 수호자는 군인 등 국가를 지키는 사람, 일반 시민에 해당하는 생산자는 국가에 필요한 여러 가지 재화를 생산하는 농민 수공업자, 상인 등이다.

플라톤은 소크라테스의 말을 빌려 이상 국가의 목표가 국가 구성원 전체를 최대한 행복하게 만드는 것임을 분명히 한다. 이러한 목표를 위해 한 나라의 통치자는 국가를 정의롭게 다스리기 위해 지혜가, 국가를 수호하는 군인들은 용기가, 일반 시민들은 욕구를 억제할 수 있는 절제의 덕목이 필요하다. 특히 통치자는 훌륭한 국가를 이끌어나가기 위해 철인이 되어야 한다. 이른바 '철인 왕'이 필요하다는 것이다. 이 철인 왕은 지혜를 지니며, 감각적인 것을 초월한 원형인 이데아를 추구하는 경지에 올라야 한다.

여기서 특기할 만한 것은 이상 국가에서의 소유 문제에 관한 플라톤의 견해이다. 플라톤은 수호자들이 최소한의 절제된 방식으로 집단 공유를 하고, 아내와 자식을 공동 소유해야 함을 주장한다. 이런 방식이 근대 공산주의의 사적 소유의 폐지와 얼마나 차이가 나는지는 생각해볼 문제이다. 또한 남성과 여성의 완전 평등을 말한다. 공동 소유와 철인 왕이 다스리는 이상 국가는 지금까지 한번도 실현된 적이 없었던 새로운 통치 체제인 것은 분명하다. 이러한 플라톤의 이상 국가를 유토피아라고 불러도 좋을까?

『태양의 나라』
톰마소 캄파넬라, 이가서, 2012

캄파넬라(Tommaso Campanella, 1568~1639)는 16세기 이탈리아 반도 남부의 낙후하고 가난한 어느 마을에서 태어났다. 그는 평생을 성직자의 길을 걸었으나, 교회의 고위 성직자나 사이비 수도사들을 적으로 간주하고 비판했다. 당시 스페인의 식민지로 전락한 이탈리아의 민중 생활은 비참했고, 사회 현실 역시 불안했다. 캄파넬라는 성직자이지만 스페인에 대한 남부 이탈리아 해방 운동을 모색하면서 생의 난관을 겪게 된다. 반란 계획을 추진해 공화국 수립 등을 준비했으나 스페인 당국에 알려져 체포된 후 오랜 수감 생활을 했다. 거의 30여 년에 가까운 옥고를 치른 캄파넬라는 출감한 후 한 수도원에서 생을 마쳤다. 캄파넬라는 르네상스의 인물이자, 기독교의 내면적 활동을 넘어서서 실천적으로 활동한 종교가로 평가할 수 있다.

캄파넬라의 대표적인 유토피아 관련 저작인『태양의 나라 (*La Citta del Sole*)』에서 나타나는 그 구조와 사회질서를 간단히 살펴보기로 하자. 태양의 나라는 7개의 '환상지대(環狀地帶)'로 구별되며, 7개 각각에 혹성 이름이 붙어 있다. 환상지대는 일종의 신전 같은 제단을 염두에 두면 될 것이다. 태양의 나라를 다스리는 사제는 '태양'에 비유되며 제사와 정치를 동시에 담당한다. 일종의 제정(祭政) 일치 상태라고 보면 될 것이다. '태양' 사제 아래 3인의 고관이 힘, 사랑, 지혜를 각각 담당한다. 태양의 나라에서는 모든 사람들이 자신의 능력과 적성에 맞도록 살게 되며, 국가를 위해 봉사하면서 진정한 행복을 누린다. 이 나라에서는 사유재산이 인정되지 않으며, 모든 것 심지어 여성까지도 공유하는 제도를 시행한다. 개인의 인권과 사유재산을 인정하는 현대 민주주의 제도에서 보면 비판할 점이 적지 않다. 그러나 캄파넬라는 공유제를 통해 원시 기독교의 '공동체주의'를 복원하려고 했는지도 모른다.

캄파넬라의『태양의 나라』에는 유토피아 사상이 얼마나 담겨 있을까?『태양의 나라』는 모어가 그린 유토피아 세상에 버금간다고 볼 수 있을까? 또한『태양의 나라』는 플라톤의『국가』그리고 모어의『유토피아』에서 상당한 영향을 받은 것일까?『태양의 나라』를 읽어보면, 캄파넬라가 유토피아에 관한 대표적인 두 저작을 분명히 알고 있고 영향을 받았다는 것을 충분히 짐작할 수 있다. 다만 차이점은 캄파넬라가『태양의 나라』가 가까운 미래에 실제로 구현 가능할 것이라는 신념을 가진 점이라 할 수 있다.

『공산당 선언』
카를 마르크스, 책세상, 2018

마르크스의 『공산당 선언』은 1848년에 출간되었다. 이 책은 "하나의 유령이 유럽을 떠돌고 있다. 공산주의라는 유령이"라는 유명한 말로 시작된다. 당시 유럽의 지배 세력들 즉 교황과 차르, 프랑스 급진파들과 독일 경찰들은 연합하여, 이 공산주의라는 유령을 잡기 위해 사냥몰이에 나섰다. 19세기 중반 자본주의의 내적 모순에 대해 강한 비판을 쏟아냈던 마르크스는 평생 동지인 엥겔스와 함께 『공산당 선언』을 발표한다. 이 책은 "지배 계급은 공산주의 혁명이 두려워 전율할지도 모른다. (…) 만국의 프롤레타리아여, 단결하라!"라는 인상적인 말로 끝난다.

마르크스의 『공산당 선언』이 마르크스주의의 역사, 즉 노동 운동과 공산주의 운동의 역사에 결정적인 영향을 미친 중

프리드리히 엥겔스

프리드리히 엥겔스는 독일의 사회주의, 공산주의 철학자로서 카를 마르크스의
평생 동지로 잘 알려져 있다. 엥겔스는 마르크스와 함께 『공산당 선언』을 공동 집
필했으며, 『영국 노동 계급의 상태』, 『반뒤링론』, 『가족, 사유재산, 국가의 기원』을
썼다. 유복한 집안 출신의 엥겔스는 경제적으로 늘 궁핍했던 마르크스를 재정적
으로 후원했으며, 마르크스와 함께 공산주의적 신념을 지켰다. 마르크스 사후에
『자본론』 2권, 3권을 편집했다.

요한 문건임은 두말할 필요가 없다. 이 선언문이 작성될 당시
아직 유럽에는 공산당이 결성되지 않았으나, 이른바 과학주의
적 공산주의 강령의 중요한 핵심이 담겨 있다. 이 책에서 특히
우리가 눈여겨봐야 할 지점은 '유토피아'에 대한 마르크스의
생각이다. 마르크스는 1장에서 이제까지의 역사가 계급투쟁의
역사이며, 자본주의는 내적 모순에 의해 필연적으로 붕괴하여
공산주의 사회로 이행할 것임을 주장한다. 2장에서는 시민의
사적 소유가 계급 착취의 가장 완성된 표현이며, 사회적 생산
수단의 사적 소유의 폐지를 당의 중요한 강령으로 제시한다.

여기서 흥미로운 점은 마르크스가 그 당시 유토피아적 사
회주의에 대해 보였던 태도이다. 마르크스는 생시몽, 푸리에,
오언 등이 표방했던 사회주의를 '유토피아적 사회주의'로 규
정했다. 마르크스가 보기에 이들은 사회 변화의 과정을 '과학

유토피아적 사회주의

'유토피아적 사회주의'는 엥겔스의 「사회주의-유토피아적 사회주의와 과학적 사회주의」(1882) 서문에 나온다. 엥겔스는 생시몽, 푸리에, 오언 등을 유토피아적 사회주의자로 규정했다. 엥겔스, 마르크스는 유토피아적 사회주의자들이 사회 변화의 과정을 '과학적'으로 이해할 수 없었기 때문에, 프롤레타리아트 혁명의 불가피성을 인식하지 못했다고 비판한다. 유토피아적 사회주의자들은 역사에 대한 신념이 아닌, 이성에 대한 신념에 기초해 있었기 때문에 사회적, 역사적 개혁에 실패할 수밖에 없었다.

적'으로 이해하지 못했으며, 계급 착취에 대항하는 프롤레타리아 혁명에 대한 불가피성도 인식하지 못했다. 유토피아적 사회주의자들의 사고방식은 역사의 변화 과정에 대한 인식에서 나온 것이 아니라 이성의 신념에 기초해 있었기 때문이다. 이들은 인간의 선한 본성에 입각해 자본주의 사회의 모순들이 극복될 수 있으며, 새로운 사회질서를 구축할 수 있다는, 소박한 관념론적인 공상적 유토피아주의자들에 불과했다.

『대동서』
캉유웨이, 민음사, 1991

　격변하는 근현대 중국 사회에서 유토피아를 꿈꾸는 대표
적인 저작은 캉유웨이의『대동서』이다. 이 책은 서구 열강들이
아시아로 진출해 중국 현대사회의 혼란이 극도에 달하고, 청조
의 폭정이 심각했을 때 쓰였다. 중화 사상이 위기를 맞이하고
서구 열강이 중국 대륙을 침략하던 시기에 개혁의 필요성을
절감한 캉유웨이가 지은『대동서』는 지금 읽어도 손색이 없을
정도로 참신하고 혁신적인 사상으로 채워져 있다.

　캉유웨이는 불교적 이상 세계와 유교적 가치를 결합해서
'대동사회'를 구상했다. 이러한 구상이 그의『대동서』에 잘 스
며들어 있다. 캉유웨이는『춘추공양전』의 삼세설(三世說)을 이
용해서 일종의 진보 사관을 제기했다. 지극히 혼란한 시대(거
란세), 태평세로 지향하는 사회(승평세), 태평한 시대(태평세)로의

『춘추공양전』

『춘추공양전(春秋公羊傳)』은 공자의 사서삼경(四書三經) 가운데 하나인 『춘추』를 해설한 주석서이다. 『춘추좌씨전』, 『춘추곡량전』과 더불어 춘추 삼전이라고 한다. 공양학의 기본 사상은 공자가 『춘추』를 지은 근본 취지를 "난세를 다스려 바른 세상으로 돌아가게 한다"라고 평가된다. 공양학의 이러한 취지는 청대 캉유웨이, 량치차오(梁啓超), 탄스퉁(譚嗣同), 쑨원(孫文) 등에 의해 영향을 미쳐 변법자강운동의 원동력이 되었으며, 신해혁명의 주요 원인으로 작동했다.

진행은 역사가 발전한다는 서구의 진보적인 사상과 닮아 있으며, 그로부터 영향을 받은 것으로 보인다.

『대동서』는 총 10부로 구성되어 있다. 여기에는 국경 없이 하나의 세계, 계급 차별 없는 평등한 민족, 인종 차별 없는 하나의 인류, 남녀차별 없는 평등의 보장, 산업 간의 경계를 없앤 공평한 생업 등의 논의와, 괴로움이 없는 극락의 세계로 가는 궁극의 모습이 담겨 있다. 또 시작에서 끝에 이르기까지 불교의 사성제(四聖諦)가 관철되어 있다. 유교 봉건사회의 모순이 점철된 당시의 사정을 고려해볼 때, 캉유웨이의 『대동서』에 나온 계급 철폐, 남녀평등, 가족의 부정 등의 주장은 굉장히 급진적임을 알 수 있다. 그런 만큼 이 책에서의 주장은 미래 태평세로 가는 고단한 길을 보여준다.

『역사의 개념에 대하여/폭력비판을 위하여/
초현실주의 외』
발터 베냐민, 길, 2008

『기술복제 시대의 예술작품』으로 우리에게 매체철학자이자 심미적 예술철학자로 잘 알려진 베냐민은 또 다른 얼굴을 갖고 있다. 베냐민의 사유는 심미적이고 예술적이지만 정치적인 성향도 결코 결여되지 않았다. 그의 유작이 된「역사의 개념에 대하여(Über den Begriff der Geschichte)」라는 짧은 글에는 사회 정치철학적인 면모가 충분히 엿보이며, 정통 마르크스주의에 대한 비판도 보인다. 여기서 베냐민의 독특한 역사 개념과 진보에 대한 시각, 그리고 마르크스주의 역사관과는 구별되는 생각을 읽을 수 있다. 특히 유대인인 베냐민이 갖고 있는 메시아주의가 과연 미래에 대한 낙관적인 유토피아적 사상인지, 비관적이고 파국적인 디스토피아 사상인지를 물을 수 있다.

「역사의 개념에 대하여」는 18개의 짧은 테제로 구성되어

발터 베냐민

발터 베냐민은 오늘날 매체미학의 선구자들 중 한 사람으로 알려져 있다. 그러나 그의 미학은 철저히 유물론적이다. 『기술복제 시대의 예술작품』을 통해 베냐민은 '유물론적인 예술 이론'을 정립하고자 했으며, 역사철학적인 면에서 모델적 성격을 갖는다고 자부했다. 이 글의 핵심 개념인 '아우라(Aura)'는 미적 가상과 연결되어 있다. 베냐민은 예술 작품을 한 시대의 종교, 형이상학, 정치, 경제적 경향들의 총체적 표현으로 파악했다.

있는데, 이 글에 담긴 내용 가운데 유토피아와 관련된 생각들이 있다. 우선 종교가 인민의 아편이라며 종교를 철저히 비판하고 거부했던 정통 마르크스주의자들에 비해, 베냐민은 마르크스주의를 종교와 결합시키는 특이한 시도를 한다. 이때 베냐민이 염두에 두고 있는 종교는 기독교가 아닌 유대교의 신비주의나 메시아주의임을 짐작할 수 있다. 메시아주의의 구원 사상이 억압받고 있는 노동자 계급과 만날 수 있다는 것이다. 또한 베냐민은 진보의 연속적이고 발전적인 역사관과는 현저히 다른 파국, 단절과 같은 불연속적인 시간의 역사관을 지니고 있다. 베냐민에게 중요한 것은 밝게 다가올 미래의 시간이 아니라 고통받고 있는 지금 현재의 시간이다.

「역사의 개념에 대하여」에서 베냐민은 파울 클레(Paul Klee)의 '새로운 천사'를 묘사하고 있다. 이 천사는 우리가 아는 천

파울 클레

파울 클레(Paul Klee, 1879~1940)는 스위스 출신의 추상 화가이다. 클레는 초현실
주의, 큐비즘, 표현주의로 분류되지만, 작품 활동 초기부터 당대의 어떤 양식에도
속하지 않는 독창적인 그림을 그렸다. 그는 선과 색의 균형을 추구했으며, 상징적
이거나 기하학적인 형태를 사용했다. 또한 그는 균형 잡힌 구성과 조화로운 색채
표현에 더해 자유로운 양식과 환상적인 세계를 표현했다. 〈죽음과 불〉, 〈카이루
완 풍경〉, 〈음악가〉, 〈천사, 여전히 추한 모습〉 등이 있다.

국의 공간에 사는 천사가 아니라, 인간적이고 고통스러운 현실
속의 천사이다. 이 고통 속에 놓여 있는 새로운 천사는 천국으
로부터 불어오는 폭풍우에 당황해하는, 그래서 파국을 맞을 수
밖에 없는 천사이다. 이 천사는 인간을 각성시키는 주체인 역
사적 유물론자라고 베냐민은 해석한다. 그래서 파국을 맞이한
인류의 미래는 디스토피아적인 어두운 전망을 갖게 된다.

　이처럼 파국적인 디스토피아적 상황에서 인류는 구원을 받
을 수 있고 새로운 유토피아의 모습을 그릴 수 있을까. 베냐민
이 이러한 파국적인 상황을 메시아주의로 바꿔놓으려고 한 것
인지, 이 메시아주의를 또 다른 유토피아의 전망으로 해석할
수 있을지는 계속 생각해볼 문제이다. 미래의 전망보다는 현재
의 시간을 중시하는 베냐민의 사상은 엄밀하게 말하면 '유토
피아의 정의'에 상당히 어긋나며, 유토피아 사상이 아니다. 그

럼에도 베냐민의 사상에 왜 귀를 기울일 만한 가치가 있는지
생각해볼 필요가 있다.

『희망의 원리』
에른스트 블로흐, 열린책들, 2004

철학, 정치경제학, 신학, 예술 등에 걸친 블로흐(Ernst Bloch, 1885~1977)의 수많은 저술들 가운데 유토피아와 관련된 실마리를 담고 있는 저서는 『희망의 원리(*Das Prinzip Hoffnung*)』이다. 이 책에는 마르크스주의적 비판과 메시아적 희망을 접목시킨 블로흐의 사유가 집약되어 있다. 그는 사회주의를 하나의 진리로 취급하면서 우리가 무엇을 희망하는지, 미래에 무엇을 희망할 수 있으며 긍정적인 미래란 무엇인가를 묻는다.

블로흐의 『희망의 원리』 전체의 주제를 '유토피아'라고 할 수는 없지만, 이 가운데 제2부에 유토피아와 관련된 논의들이 있다. 블로흐는 '과거에 나타난 바람직한 사회상들'이라는 제목 아래 고대 그리스 시대부터 현대에 이르기까지 유토피아 사상들을 망라해 논의한다. 그리스 시대의 대표적인 사상인 플

스토아학파

기원전 300년경 헬레니즘 시대에 제논에 의해 창시된 스토아학파(Stoicism)는 초기 제논, 중기의 파나이티오스, 포세이도니오스, 후기의 세네카 등으로 구분된다. 스토아학파에게 철학은 신적인 것과 인간적인 것에 관한 학문이며, 논리학, 자연학, 윤리학으로 나뉜다. 그 가운데 스토아학파는 윤리학에 의해 가장 잘 알려졌다. 스토아학파의 윤리학은 인간의 영혼 생활, 윤리적인 원리의 문제, 실천적 도덕론, 운명과 자유를 다룬다. 특히 스토아학파는 조국이 온 세계이며 코스모폴리탄(세계인)임을 자처했다.

라톤의 『국가』에 대해 비판적으로 검토한다. 플라톤의 『국가』가 반혁명적인 내용을 지녔지만, 이후 사회주의적, 공산주의적인 서적들에 계속 영향을 끼쳤음을 언급한다. 헬레니즘 시대에 스토아학파들이 꿈꾸었던 국제적인 세계 국가는 급진적인 이상 국가 설계이며, 이 설계가 로마 제국주의에 대한 찬사로 뒤바뀌었다는 것도 지적한다. 아우구스티누스의 『신국』 역시 기독교를 통해 구현된 하나의 유토피아이다.

토머스 모어의 『유토피아』는 사회적 자유의 유토피아로 해석한다. 종교적 자유를 논의하고 교회를 개혁하고자 하며, 당시 영국 사회를 비판한 모어의 『유토피아』를 민주 공산주의를 향한 바람직한 사회상을 최초로 묘사한 것으로 높이 평가했다. 반면에 캄파넬라의 『태양의 나라』는 모어의 『유토피아』와 대

계몽주의

계몽주의(enlightenment)는 르네상스의 휴머니즘, 17세기 대륙의 합리론 등을 계승한 18세기의 철학 사조를 지칭한다. 계몽주의는 영국과 특히 프랑스에서 고전적 완성을 보게 된다. 계몽은 중세 기독교 스콜라 철학 이래로 신의 계시에 의한 신학적 견해로부터 해방되어 인간의 자연적 본성과 이성적 능력에 대한 자각을 뜻한다. 계몽주의는 인간, 사회, 국가에 관한 학문과 자연과학에 놀랄 만한 비약을 가져왔으며, 학문을 종교적 믿음의 속박으로부터 해방시켰다.

척점에 놓인다. 모어가 자유를 강조했다면, 캄파넬라는 군주가 모든 것을 관장하는 찬가를 『태양의 나라』에서 그리고 있기 때문이다. 이어서 블로흐는 계몽주의 사상가들의 자연법, 정치체제 등에 대해서도 평가를 내리고 있다. 19세기에 등장했던 이른바 공상적 사회주의자들인 오언과 푸리에에 대해서는 연방적 특성을 지닌 사회 유토피아주의자들, 생시몽을 19세기의 중앙 집권적인 유토피아주의자라고 평가한다. 개인적 이상주의자, 무정부주의자로 슈티르너, 프루동, 바쿠닌의 유토피아 사상을 검토한 후 마르크스주의가 예견한 유토피아 사상에 대해 논의한다.

블로흐의 『희망의 원리』는 유토피아와 어떤 관련이 있을까? 블로흐는 미래를 파악하고 선취하는 독특한 인간의 능력을 '희망'이라고 일컬었다. 이 능력은 역사의 진보를 위해서도 본질적인 것이다. 유토피아는 미래와 관련된 주제이다. 우리의 현재가 척박하고 힘들고 어렵지만, 미래에는 더 밝고 희망찬 새날들이 오지 않을까? 블로흐의 『희망의 원리』는 우리에게 희망에 관한 울림이 있는 메시지를 암암리에 주기에 그의 '희망 메시지'에 기대를 걸어본다.

생애 연보

1478년 2월 7일 런던에서 판사 존 모어 경의 맏아들로 태어나다.

1491년 옥스퍼드대학에 진학하다.

1494년 뉴 법학협회에서 법학생이 되다.

1496년 링컨스 법학협회에 입학하다.

1497년 링컨스 법학협회로부터 변호사 면허증을 교부받다.

1499년 법학원에서 법학생들에게 강의하고, 런던 수도원 카르투 지오에서 거주하기 시작하다.(1499~1503)

1505년 에식스 출신의 제인 콜트와 결혼, 10월에 딸 마가렛이 태어나다.

1505년 에라스무스가 모어 집에서 기거하다.(1505~1506)

1509년 런던의 민선 행정관 대리로 임명되다.

1511년 부인 제인이 출산 중 사망, 런던 직물상의 미망인인 앨리스 미들턴과 재혼하다.

1513년 『리처드 3세전』을 집필하다.

1515년 『유토피아』를 집필하기 시작하다. 영국-플랑드르 통상 조약의 협상 대표로 임명되다.

1516년 『유토피아』를 런던에서 완성하다. 12월 루베인에서 출판되고 큰 반향을 일으키다.

1518년 궁에 들어가 왕의 고문관이 되다.

1523년 『루터에 대한 회답』을 집필하다. 하원 의장으로 선출되다.

1524년 옥스퍼드대학과 케임브리지대학의 대학 재판관으로 임명되다.

1529년 『이단에 관한 대화』가 출판되다. 영국 대법관으로 임명되다.

1530년 헨리 8세의 이혼 청구서에 대한 서명을 거부하다.

1532년 『틴다르 회답에 대한 논박』이 출판되다.

1533년 헨리 8세의 새 왕비 앤 불린의 대관식 출석을 거부하다.

1534년 왕위 계승법 동의와 선서를 거부해서 체포되어 런던탑에 수감되다.

1535년 런던탑 수감 중『그리스도 수난에 관한 논문』을 집필하다. 국왕의 권위를 부인한 죄목으로 7월 6일 교수형에 처해지다.

1551년 랄프 로빈슨에 의해 최초로 영어판 『유토피아』가 출간되다.

1579년 교황 그레고리우스 13세에 의해 순교자로 인정받다.

1935년 교황 비오 11세에 의하여 성인으로 추증되다.

1978년 모어 탄생 500년 기념 축제가 런던, 더블린, 앙주, 뉴욕, 워싱턴 DC에서 개최되고, 전시회와 회의가 열리다.

참고 문헌

• 원전 및 번역서

Thomas More, *Utopia*, tr. Paul Turner, Penguin Books, 2003.

토머스 모어,『유토피아』, 황문수 옮김, 범우사, 1998.

토머스 모어,『유토피아』, 나종일 옮김, 서해문집, 2005.

토머스 모어,『유토피아』, 정순미 옮김, 풀빛, 2006.

토머스 모어,『유토피아』, 김남우 옮김, 문예출판사, 2011.

• 관련 도서

구영모,『생명의료윤리』, 동녘, 1999.

김영진,『중국 근대사상과 불교』, 그린비, 2007.

김태진,『대동서, 유토피아를 찾아 떠나는 여행』, 북드라망, 2012.

박설호,『자연법과 유토피아, 에른스트 블로흐 읽기 II』, 울력, 2014.

서유석,「맑스-엥겔스, 우리가 다시 맑스를 공부해야 하는 이유」,『다시
　　쓰는 맑스주의 사상사』, 한국철학사상연구회, 오월의봄, 2013.

연효숙,「베냐민, 고통의 기록과 유물론적 구원의 유토피아」,『다시 쓰
　　는 맑스주의 사상사』, 한국철학사상연구회, 오월의봄, 2013.

이인식, 『유토피아 이야기』, 갤리온, 2007.

임철규, 『왜 유토피아인가』, 한길사, 2009.

위평량, 『청소년을 위한 유토피아』, 두리미디어, 2011.

차하순, 『새로 쓴 서양사총론 1,2』, 탐구당, 2000.

G.W.F. 헤겔, 임석진 옮김, 『정신현상학』, 한길사, 2005.

J. 샤논·J. J. 디지아코모, 『생의 윤리학이란?』, 황경식·김상득 옮김, 서
    광사, 1988.

J. 힐쉬베르거, 『서양철학사, 상: 고대와 중세』, 강성위 옮김, 이문출판사,
    2005.

S. 스텀프·J. 피저, 『소크라테스에서 포스트모더니즘까지』, 이광래 옮
    김, 열린책들, 2004.

로버트 스테이시·주디스 코핀, 『서양 문명의 역사(상)—역사의 여명에
    서 종교개혁까지』, 박상익 옮김, 소나무, 2011.

미셸 푸코, 『말과 사물』, 이규현 옮김, 민음사, 2012.

발터 베냐민, 『기술복제시대의 예술작품 외』, 최성만 옮김, 길, 2007.

발터 베냐민, 『역사의 개념에 대하여 외』, 최성만 옮김, 길, 2008.

빅토르 위고, 『레 미제라블』, 방곤 옮김, 범우사, 2002.

아리스토텔레스, 『니코마코스 윤리학』, 최명관 옮김, 서광사, 1984.

앤서니 A. 롱, 『헬레니즘 철학: 스토아 철학자, 에피쿠로스 철학자, 회의
    주의 철학자』, 이경직 옮김, 서광사, 2000.

에른스트 블로흐, 『희망의 원리』, 박설호 옮김, 열린책들, 2004.

움베르토 에코, 『장미의 이름』, 이윤기 옮김, 열린책들, 2006.

윌리엄 셰익스피어, 『베니스의 상인』, 정성국 옮김, 홍신문화사, 2003.

이마누엘 칸트, 『실천이성비판』, 최재희 옮김, 박영사, 1975.

카를 마르크스, 『자본론』, 김수행 옮김, 비봉출판사, 2004.

카를 마르크스, 『경제학 철학 수고』, 김태경 옮김, 이론과실천, 1987.

카를 마르크스·프리드리히 엥겔스, 『공산당 선언』, 이진우 옮김, 책세상, 2002.

카를 만하임, 『이데올로기와 유토피아』, 임석진 옮김, 김영사, 2012.

캉유웨이, 『대동서』, 이성애 옮김, 을유문화사, 2006.

토마스 불핀치, 『그리스, 로마 신화』, 최혁순 옮김, 범우사, 2002.

톰마소 캄파넬라, 태양의 나라, 임명방 옮김, 『이가서, 2012.

프랜시스 베이컨, 『새로운 아틀란티스』, 김종갑 옮김, 에코리브르, 2002.

프리드리히 엥겔스, 『가족, 사유재산, 국가의 기원』, 김대웅 옮김, 두레, 2012.

플라톤, 『국가·정체』, 박종현 옮김, 서광사, 2005.

플라톤, 『에우디프론, 소크라테스의 변론, 크리톤, 파이돈』, 박종현 옮김, 서광사, 2003.

EBS 오늘 읽는 클래식
모어의 유토피아

1판 1쇄 발행 2021년 12월 30일

지은이 연효숙

펴낸이 김명중
콘텐츠기획센터장 류재호 | 북&렉처프로젝트팀장 유규오
북매니저 박민주 | 북팀 박혜숙, 여운성, 장효순, 최재진
마케팅 김효정, 최은영
책임편집 표선아 | 디자인 정계수 | 일러스트 최광렬 | 인쇄 재능인쇄

펴낸곳 한국교육방송공사(EBS)
출판신고 2001년 1월 8일 제2017-000193호
주소 경기도 고양시 일산동구 한류월드로 281
대표전화 1588-1580 | 홈페이지 www.ebs.co.kr
이메일 ebs_books@ebs.co.kr

ISBN 978-89-547-6190-1 04100
    978-89-547-6188-8 (세트)